부리와 날개를
가진 동물,
어휘 속에 담긴
역사와 문화

이 저서는 2018년 대한민국 교육부와 한국연구재단의 지원을 받아 수행된 연구임(NRF-2018S1A6A3A02043693)

경성대학교 한국한자연구소 어휘문화총서 04

부리와 날개를 가진 동물,

어휘 속에 담긴 역사와 문화

기유미·신아사·이선희·홍유빈 지음

따비

일러두기

- 단어 및 사자성어 등의 뜻풀이는 표준국어대사전에 따랐다.
- 외래어 및 외국어의 한글 표기는 국립국어원 규정을 원칙으로 하되, 국내에서 널리 사용되는 표기
  는 관행을 따르기도 했다. 단, 중국 인명의 경우 신해혁명(1911년) 이전의 인물은 한자의 한국어 발
  음으로 표기했다.
- 글자의 의미는 같되 음이 다른 경우 [ ] 안에 해당 한자 및 외국어를 병기했다.

〈어휘문화총서〉를 펴내며

경성대학교 한국한자연구소는 2018년 한국연구재단 인문한국 플러스(HK+) 지원사업(과제명: 한자와 동아시아 문명 연구—한자로드의 소통, 동인, 도항)에 선정된 이래, 한자 문화권 한자어의 미묘한 차이와 그 복잡성을 고려한 국가 간 비교 연구를 수행해왔습니다. 이 총서는 그러한 연구의 한 결과를 대중에게 전달하고 널리 보급하려는 목적으로 기획되었습니다.

한자 문화권 내의 어휘는 그 속에 사용자의 사고와 정서, 그리고 더 넓은 문화적 요소를 반영함으로써 미묘한 의미 차이를 가집니다. 이러한 어휘의 사회문화적 맥락에 대한 이해는 단순히 그 어휘의 의미를 파악하는 것 이상의 중요성을 가지며, 이를 통해 어휘는 물론 문화에 대한 심층적 이해가 가능해집니다. 본 〈어휘문화총서)는 이러한 접근법을 취하며, 동아시아 한자 문화권에서 사용되는 한자어를 매개로 하여 각각의 문화적 특성을 조명하고 있습니다. 또 서양 어휘문화와의 비교 연구를 통해 동서양 어휘문화의 상호작용과 이에 대한 다양한 통찰을 제공하려 노력하였습니다. 이 시리즈는 2023년 '십이지 동물 편'과 '바다동물 편'을 시작으로, 이번에 '꽃과 나무 편'과 '부리와 날개를 가진 동물' 편을 내게 되었습니다. 앞으로도 특정 주제별로 계속해서 출간될 계획입니다.

본 연구의 진행 과정에서, 원고를 집필해주신 교수님들과 진행을 총괄해주신 최승은 교수님, 그리고 편집 및 교정을 맡아주신 도서출판 따비의 신수진 편집자께 깊은 감사의 말씀을 드립니다. 이 연구는 연구소 소속 교수님들이 주제를 직접 선정하고 집단 연구를 통해 집필하는 방식으로 추진되었습니다. 이런 방식을 통해 국가 간 및 학제 간 학술적 소통과 협력이 촉진되고, 이를 통해 한자 연구의 기반이 더욱 탄탄해질 것으로 기대하고 있습니다. 이러한 과정은 학문적 이해의 폭을 넓히고, 더욱 다양한 시각에서 한자어의 복잡성과 문화적 특성을 탐색하는 데 기여할 것입니다. 이울러 우리의 연구가 동아시아 한자문화권의 언어와 문화를 더 깊게 이해하고 평가하는 데 도움이 될 것으로 기대합니다.

본 연구는 우리가 속한 한자 문화의 깊이와 폭을 탐색하는 것뿐만 아니라, 동아시아와 서양 사이의 어휘문화 비교를 통해 보다 포괄적인 문화 이해를 도모하려는 시도입니다. 본 연구의 성과가 독자 여러분들에게도 깊고 다양한 통찰력을 제공할 수 있기를 바라며, 앞으로도 끊임없는 연구와 노력을 계속하겠습니다.

2024년 2월

경성대학교 한국한자연구소

소장 하영삼

• 차례 •

　우리가 살아가며 지나치는 수많은 사람들 가운데 관심을 가지고 이름을 불러주는 사람은 몇 명이나 될까? 이름을 부르는 대상은 그저 여러 사람 중의 한 명이 아닌, 특별한 '인연(因緣)'이 된다. 이와 마찬가지로, 우리와 함께 살아가는 생물도 호기심의 눈으로 바라보며 이름과 특징을 기억한다면 어느 곳에서 만나게 되더라도 특별한 존재가 될 수 있다.

　이 책을 집필하기 전에 '새'는 그저 길가와 공원 그리고 등산길에서 우리 주변을 서성이는 평범한 조류(鳥類)였다. 하지만 집필 과정에서 그 하나하나 이름의 유래를 알고 각 나라의 사람들이 역사 속에서 부여한 상징 그리고 미처 알려지지 않았던 이야기와 유물을 마주한 후, 오늘 일상에서 다시 만난 새는 이전보다 오래도록 눈길과 발길을 사로잡는 흥미로운 존재가 되었다. 나아가 이 책에서 다루지 못한 또 다른 새들은 어떤 이야기를 품고 있을까 궁금증을 가지게 되었다.

『부리와 날개를 가진 동물, 어휘 속에 담긴 역사와 문화』는 경성대학교 한국한자연구소 〈어휘문화총서〉의 『십이지 동물, 어휘 속에 담긴 역사와 문화』, 『바다동물, 어휘 속에 담긴 역사와 문화』 그리고 『꽃과 나무, 어휘 속에 담긴 역사와 문화』에 이은 네 번째 책으로, 기본 구성은 이전 편들과 마찬가지로 한국, 중국, 일본, 서양권으로 나누어 여러 새들의 이름과 그와 관련된 어휘 및 다양한 표현을 다룬다.

본 편에서 소개하는 '새'는 까치, 참새, 독수리, 원앙, 오리, 비둘기, 딱따구리, 매, 앵무새 총 아홉 종으로, 이들을 그저 글자 그대로 참새, 독수리, 원앙……이라고만 부르면 여러 조류 가운데 하나일 뿐이다. 이 책에서는 여기서 나아가 아홉 종류 새 이름의 유래, 그 이름이 각 나라(및 문화권)에서 가지는 상징적 의미, 관련 어휘 및 관용 표현, 그리고 문학과 예술 작품 속에서 각 새들이 품고 있는 이야기를 다채롭게 풀어내고자 했다.

반짝이는 물건을 수집하는 도둑 까치[La gazza ladra], 참새의 눈물에 빗대어 쥐꼬리만 한 월급을 표현한 '스즈메노 나미다호도노 겟큐[雀の涙ほどの月給]', 티베트족의 장례 문화에서 하늘과 사람을 이어주는 영혼의 사자(使者) 독수리, 변함없는 부부 금슬의 상징인 원앙, 장원급제를 의미하는 오리, 평화의 상징이자 중요한 서신을 전해주었던 비둘기, 딱딱 소리를 내며 나무를 쪼는 딱따구리,

하늘 최고의 사냥꾼이자 고대 이집트에서는 신의 형상이었던 매까지, 하나하나의 새는 그저 '조류'로 뭉뚱그리기엔 아까운 무궁무진한 이야기를 가득 안고 있다.

우리는 어쩌면 일상에서 마주하는 많은 대상들을 그저 '보기'만 하지 않았을까. 그저 보기만 하면 시각적으로 전달되는 외부 형상만 파악하고 지나치게 된다. 하지만 어떤 대상을 깊이 이해한 뒤 바라본다면, 다시 말해 '알고 보면' 외부 형상 안에 숨겨진 진면목을 알게 되고 그 대상에 대해 더욱 관심을 가지고 살펴보게 된다.

'알고 보면' 관심이 생기게 되고 재미있어진다. 반대로, 재미가 없고 관심이 가지 않는다는 것은 아직 그 대상을 제대로 알지 못한다는 의미다. 어떤 사람에 대해서도 '알고 보면 괜찮은 사람' '알고 보면 재미있는 사람' '알고 보면 따뜻한 사람'이라고 말하지 않던가. 사람, 그리고 사람과 함께 살아가는 생물, 심지어 사물에 이르기까지 모두가 그러할 것이다.

새라는 존재도 마찬가지다. 만약 비둘기를 바라보거나 비둘기에 대해 질문을 받았을 때, 도심 생활이 익숙해 사람들을 보고도 놀라지 않고 잰걸음으로 피했다가 이내 돌아오는 성가신 새라고만 말한다면, 이는 장님이 코끼리를 만지고 자기가 아는 단편적인 부분만을 전체인 양 고집하는 맹인모상(盲人摸象)이 되는 것이다. 그러면 비둘기는 도심 속 천덕꾸러기에 머무르게 된다. 그런데 성경 속 창세기에 등장한 비둘기는 방주에 타고 있는 노아에게 홍수가 찾아들었음을 알려주었고, 또 다른 문화에서는 평화의 상징이 었으며, 또 서신의 전달자로 사람이 당장 닿을 수 없는 곳을 이어 주는 메신저이기도 했다.

이처럼 그저 대상을 단순히 '보기'만 하지 않고 '알고 보면' 세상의 모든 사물은 이야기를 담은 특별한 존재로 재탄생한다. 이 책을 읽는 독자들께서도 어떤 대상이 품은 새로운 이야기를 알고, 그 대상에 가까이 다가가 그것을 흥미롭게 바라본다면, 분명 어제와 다르게 더욱 다채로워진 내일을 만나게 될 것이다.

오늘 길을 걷다가 새로운 새를 만났는가? 그렇다면 잠시 바라보며 관심을 가져보자. 저 새의 이름은 무엇일까? 어떤 이야기를 가지고 있을까?

마지막으로, 각자 연구에 매진하시며 바쁜 일상을 보내는 가운데 '새'들의 숨은 이야기를 발굴하고 성심껏 집필해준 연구소의 선생님들과 책을 예쁘게 편집해준 도서출판 따비 편집부에 감사를 전한다.

이 책을 만나는 독자들의 일상이 이전보다 더 많은 관심과 흥미로 채워지길 바란다.

필자들을 대표하여

기유미 삼가 씀

제 1 장

반가운 손님을 부르는 · **까치**

한국인에게 친숙한 새, 까치

까치는 까마귓과 까치속의 조류로 흑백의 대비가 뚜렷한 깃털, 날렵한 몸매와 검푸른 광택이 나는 날개깃이 특징이다. 까치는 도심, 농촌, 산지 등 어디에서나 흔히 볼 수 있는 친숙한 새로, 한국

그림 1-1 동양 문화권에서는 길조로 여겨지는 까치
© 조성덕

에 서식하는 종은 동양 까치[Oriental magpie]다. 아시아 동부 지역 전반에 걸쳐 분포하며 유라시아 까치에 비해 꼬리가 조금 짧은 반면 날개가 조금 더 긴 편이다.[1]

까치는 동양 문화권에서 예로부터 길조(吉兆)의 상징으로 여겨지며 긍정적인 인식을 받아왔다. 예컨대, 아침에 까치가 울면 반가운 손님이 찾아온다고 믿어 길조(吉鳥)로 여겼으며, 새해의 벽사(辟邪)를 이루는 신년맞이 영물로 인식되기도 했다. 반면 서양 문화권에서는 까치를 불길한 새로 인식한다.

까치는 한국의 대표적인 텃새로, 사계절 내내 어디에서나 볼 수 있으며 동요, 전래동화, 설화 등에 종종 등장해 더욱 친숙한 존재로 여겨진다.

"까치 까치 설날은 어저께고요 우리 우리 설날은 오늘이래요"라는 동요의 가사로 설날 가장 먼저 떠오르는 조류이며, 또한 불과 몇 십 년 전만 해도 어린이가 유치(乳齒)를 빼면 마치 일종의 의식(?)처럼 "까치야, 까치야, 헌 이 줄게, 새 이 다오"라는 노래를 부르며 지붕 위로 이를 던지기도 했다.

또한 전래동화 '은혜 갚은 까치(까치의 보은)'는 큰 뱀으로부터 새끼 까치를 구해준 선비에게 은혜를 갚기 위해 선비가 위험에 처했을 때 까치가 종에 머리를 던져 종을 울리게 하여 선비의 목숨을 구했다는 이야기를 전한다. 그리고 중국 설화의 영향을 받은 '견우직녀'에서는 그리운 연인이 만나도록 까마귀와 함께 다리를 만들어 사랑을 맺어주기도 한다.[*] 그래서 현재도 '오작교(烏鵲橋)'는

사랑이 이루어지도록 도와주는 존재를 가리키는 비유적 의미로
쓰인다.

까치는 희조(喜鳥)

현대 국어 '까치'의 옛말인 '가치'는 15세기 문헌에서부터 나타
난다. 19세기까지 '가치' 형태로 나타나다가 된소리화를 거쳐 지금
의 '까치' 형태가 되었다. 17세기 문헌에는 ㅈ 앞에서 ㄴ이 첨가된
형태인 '간치'의 예도 보인다.[3] '까치'의 어원은 까치의 울음소리 '갖
갖'에 연유한 것으로 보인다. 의성어(擬聲語) '갖'에 접미사 '이'가
연결된 것이다.[4] 또한 한자로는 鵲(까치 작)으로 표기되었는데, 鵲
은 형성자(形聲字)로 鳥(새 조)가 의미부이고 昔(옛 석)이 소리부로
쓰였다. 한자어 명칭은 중국어와 동일하게 '희작(喜鵲)'이다.

한국의 문헌 기록 중 『삼국사기(三國史記)』에서는 까치를 신라
임금 탈해의 존재를 알린 희조(喜鳥)로 그리고 있으며, 흰 까치를
진상했다는 기록이 다섯 번이나 나온다. 『삼국유사(三國遺事)』에
서는 절터를 알려주는 희조로 그려져 있으며, 절에 까치와 까마귀

---

* 견우직녀 설화는 한국뿐만 아니라, 중국, 일본, 베트남 등에서도 전해진다. 기원은
중국으로 추정되며 무려 기원전 5세기에 중국에서 쓰인 시에서 이 이야기를 언급하
고 있다. 한국에서는 광개토대왕 시절 축조한 고분벽화에서 견우와 직녀를 묘사한
그림이 있다. 일본에서도 『만요슈[萬葉集]』라는 나라시대[奈良時代] 시집에서 이것과
관련한 이야기가 있다.[2]

가 둥지를 지은 일을 기이한 징조로 보고 있다.[5]

아침에 까치가 울면 반가운 손님이 찾아올 것이라는 미신도 전해지는데, 이는 조선시대 문학 작품 속에서도 찾을 수 있다.

반가운 손님 오신다고 아침부터 까치 소리	朝來報喜鵲槎槎
신발 거꾸로 신었나니 병도 몸에서 사라진 듯	倒屣逢迎體去痾*
이별한 지 벌써 일 년 한스러움 많은 중에	一別經年百恨生
새벽부터 까치 소리 얼마나 기쁘던지	喜聞晨鵲近簷鳴**
까치 소리 뒤따라서 조만간 소식이 도착하면	早晚書隨噪鵲至
더벅머리 이마 맞대고 편지 뜯어보리로다	蓬頭相聚爲披翻***

첫 번째 시와 세 번째 시는 조선 중기의 문인 최립(崔岦, 1539~1612)의 문집 『간이집(簡易集)』 중 「갑오행록(甲午行錄)」****에 실린

---

* 『간이집(簡易集)』 권7 「갑오행록(甲午行錄)」 '동지 황경미(黃景美) 영사(令史)에게 사례하다'.

** 『계곡선생집(谿谷先生集)』 권31 「관서에서 온 서신을 보고 기뻤는데 아울러 시편도 보내왔기에 시권(詩卷) 말미의 야좌라는 시의 운을 써서 사제인 방백에게 부치다[喜見關西書信 兼得詩什 用卷末夜坐韻 寄舍弟方伯]」.

*** 『간이집』 권7 「갑오행록(甲午行錄)」 '집에 띄울 편지를 쓰면서 앞의 시에 첩운하다'.

**** 「갑오행록(甲午行錄)」은 선조 27년(1594)에 군대의 파병과 해군(海君)의 세자 책봉을 주청(奏請)하러 명나라에 갔을 때 쓴 시를 모은 것이다.[6]

것이다. 첫 번째 시는 반가운 손님이 오시는 날, 때마침 울어대는 까치 소리를 통해 화자의 기쁘고 반가운 감정을 전달하며, 반가운 손님을 맞이하느라 경황이 없어 신발도 거꾸로 신었음[7]을 묘사하고 있다. 두 번째 시는 조선 중기의 문신 장유(張維, ?~?)의 『계곡선생집(谿谷先生集)』에 실린 것으로, 이 시와 세 번째 시에서도 까치는 기다리는 소식, 반가운 소식을 비유적으로 나타내고 있다.

현재도 鵲(까치 작) 자는 한자어에서 활용되고 있는데, 모두 '행운의 상징'으로 나타난다. 예컨대 '남작(南鵲)'은 집의 남쪽에 있는 나무에 집을 짓고 사는 까치라는 뜻으로, 길조(吉兆)의 상징인 까치, 좋은 방향의 상징인 남쪽이 합쳐져 '좋은 징조'를 나타낸다. 또한 '작어(鵲語)'는 까치가 지저귀는 소리라는 뜻으로, 역시 기쁜 일이 있을 조짐을 의미한다. 비슷한 말로 '작희(鵲喜)' 또한 까치가 지저귀면 기쁜 일이 생긴다는 뜻이다.

그림 1-2 김홍도의 〈영모(까치)〉

까치의 비유적 의미와 속담

한국어에서는 까치의 외모, 행동, 생활을 통해 의미를 비유적으로 더욱 생생하게 전달하기도 한다. '까치집' '까치둥지'는 자고 일어났을 때 붕 떠 흐트러진 머리를 말하는데, 한자어와 결합해 '작소(鵲巢) 머리'라고도 한다.

어릴 때 키가 작아 힘껏 '까치발'을 해본 경험이 누구에게나 있을 것이다. 이처럼 까치발은 사람이 발뒤꿈치를 들고 서 있는 상태를 말한다. 발뒤꿈치를 땅에 딛고 생활하는 사람과 달리, 까치는 항상 발뒤꿈치를 들고 있다. 사실 이런 특성은 까치뿐만 아니라 대부분의 동물이 갖고 있지만, 유독 까치의 명칭을 더해 '까치발'로 표현했다. '까치밥'은 늦가을 감을 수확할 때 다 따지 않고 나무 꼭

그림 1-3 까치 둥지
ⓒ 조성덕

1장 | 까치

대기에 날짐승의 먹이로 남겨두는 감을 말하는데, 동시에 우리 조상들의 공생의 마음도 엿보게 한다.

한편, 속담에서도 까치가 주요 소재로 등장한다. '까치 배 바닥[배때기] 같다.'는 실속 없이 흰소리를 잘하는 것을 비웃는 말로 쓰이며, '까치집에 비둘기 들어 있다.'는 남의 집에 들어가 주인 행세를 함을 비유적으로 이르는 말이다. 비슷한 한자 성어로 '구거작소(鳩居鵲巢)'가 있다. 또한 '까마귀가 까치집을 뺏는다.'는 서로 비슷하게 생긴 것을 빙자하여 남의 것을 빼앗음을 나타낸다. '칠석날 까치 대가리 같다.'는 칠월칠석날 까마귀와 까치가 머리를 맞대 오작교를 놓아서 견우와 직녀를 만나게 하느라 머리털이 다 빠졌다는 이야기에서 나온 말로, 머리털이 빠져 성긴 모양을 비유적으로 이르는 말이다.[8]

중국에서도 까치 울음은 기쁜 소식

중국어로 까치는 '시췌[喜鵲]'다. 까치 소리를 들으면 좋은 일이 생긴다는 속설을 반영하듯, 첫 글자에 喜(기쁠 희)를 사용했다. 또 약칭은 '췌[鵲]'라고 한다. 鵲는 昔이 발음(소리)을 나타내고, 鳥(새 조)가 의미를 나타내는 구성의 형성자(形聲字)*다. 발음(소리)을 나

---

* 뜻을 나타내는 글자와 음을 나타내는 글자를 합해 만든 한자. 한자의 약 80퍼센트가 이에 속한다.[9]

그림 1-4 베이징 이화원 회랑에 그려진 니우랑과 즈뉘의 재회

매우 좋아했는데, 그의 집 근처 나무에 까치 둥지가 있어서 식사 때마다 먹을 것을 까치에게 가져다주었다. 까치도 여경일의 집 창문에 날아와 지저귀는 날이 많았다.

하루는 여경일의 이웃집에 도둑이 들었는데, 이웃은 여경일을 범인으로 몰아 그가 감옥에 갇히게 되었다. 관아에서는 사건을 빠르게 종결하기 위해 여경일에게 자백을 요구했지만 여경일은 받아들이지 않았고, 한 달 동안 옥고를 치렀다. 어느 날 감옥 창가에서 새가 지저귀고 있었는데, 자세히 보니 예전에 여경일의 집 창가에 찾아왔던 바로 그 새였다. 이를 본 여경일의 마음이 평온해졌고, 혹시나 좋은 소식이 있지 않을까 하고 생각했다.

얼마 지나지 않아 여경일이 감옥 밖에서 옥졸(獄卒)이 이야기하는 것을 들었는데, 청색 옷을 입은 사람이 말하길 곧 조정에서 사면(赦免)이 있을 것이라 했다. 여경일이 밖을 보니 그 사람의 옷이

1장 | 까치

자신이 먹이를 주었던 까치의 깃털 색과 유사했다. 그로부터 며칠 뒤 조정에서 사면이 내려졌고, 여경일은 집으로 다시 돌아가게 되었다.

이외에도 중국에는 까치가 좋은 소식을 전해준다는 많은 이야기가 전해지고 있다. 이러한 이야기들로 인해 사람들은 까치를 좋은 소식을 가져오는 길조로 인식하고 있다.

신라와 일본 그리고 까치

일본에서는 까치를 '가사사기(かささぎ)'라고 부르고 한자로는 鵲 (까치 작)으로 표현한다. 까치와 관련된 일본어 표현으로는 '가사사기노 가가미[鵲の鏡]'와 '가사사기노 하시[鵲の橋]'가 있다. 우선 '가사사기노 가가미[鵲の鏡]'는 표면에 까치 문양이 있는 거울인데, 단순히 거울만을 지칭할 때도 사용되지만 하늘에 뜬 달의 이칭이기도 하다.[11] 다음으로 '가사사기노 하시[鵲の橋]'는 견우와 직녀가 만나는 날인 칠월칠석과 관련된 말로, 이는 물론 오작교(烏鵲橋)를 지칭하며 중국에서 유래한 표현임을 알 수 있다.[12]

흥미로운 점은 까치를 '고라이가라스(こうらいがらす)'나 '조센가라스(ちょうせんがらす)'라고 부른다는 것이다. 이것은 각각 高麗烏와 朝鮮烏로, 즉 '고려 까마귀' 그리고 '조선 까마귀'라는 뜻이다.[13] 이러한 단어를 통해 볼 때, 일본에서는 까치를 한반도에서부터 전해진 외래종으로 인식했던 것으로 보인다. 까치는 현재 홋카이도

[北海道]부터 후쿠오카현[福岡県]까지 일본의 최북단에서부터 최남단에 걸쳐 서식하고 있다고 한다.[14] 이로써 볼 때, 까치는 외부에서 유입된 듯하지만 지금은 거의 일본 전역에서 볼 수 있는 익숙한 새가 되었다.

한편, 까치가 일본에 전해진 유래에 관한 이야기가 흥미로운데,

그림 1-5 1615년 제작된 까치 문양 청동거울

『니혼쇼키[日本書紀]』에 따르면 스이코[推古] 5년(597)에 신라로부터 일본에 까치가 전해졌다는 기록이 있다. 그 내용은 다음과 같다.

5년 겨울 11월 계유(癸酉) 초하루 갑오(甲午)에 난바[難波] 지역의 기시[吉士]인 이와카네(いわかね, 盤金)라는 사람이 신라에 파견되었다. 6년 여름 4월에 난바의 기시 이와카네가 신라로부터 돌아와 까치 두 마리를 바쳤다. 이에 (그 새들을) 난바의 신사(神社)에서 길렀다.[15]

스이코 천황은 592년부터 628년까지 재위했는데, 우리나라의 역사로 치면 삼국시대 후기에 해당한다. 그리고 난바[難波]는 지금도 일본 오사카시[大阪市]의 중심지 역할을 하고 있는데, 과거에는 신라로부터 도래한 씨족들이 그곳에 살았다고 하며, 기시[吉士]

는 이 도래인을 지칭했다고 한다.[16] 이와카네는 도래인 중 한 명인 것으로 보이는데, 이 사람이 신라에서 까치를 가지고 와서 난바에 있는 신사(神社)에서 키우게 했다는 것이다. 이를 통해 볼 때, 당시 일본에서 까치를 처음 접한 것으로 추정되며, 그에 따른 생소함만큼이나 그 존재를 특별히 여겨 신성한 공간인 신사에서 길렀음을 알 수 있다.

임진왜란과 일본 그리고 까치

두 번째 이야기는 임진왜란과 관련이 있는데, 그 내용은 다음과 같다.

지금으로부터 약 400년 전 임진왜란 때 도요토미 히데요시가 전국의 다이묘들에게 조선 출병을 명합니다. '야나가와[柳川]의 전(殿)'이라고 불리는 다치바나 무네시게[立花宗茂] 공도 가신들과 함께 조선으로 출병합니다. 조선의 어느 곳에서 벌어진 전투에서 야나가와의 군사들이 작은 배를 타고 노를 저으며 바다를 건너고 있는데, 저쪽에서 명나라와 조선 수군의 큰 배가 다가오는 것입니다. 상대편 배를 자세히 보니 배 끝에 큰 구렁이가 똬리를 틀고 눈을 반짝이며 이쪽을 노려보고 있었습니다. 작은 배에 타고 있던 이쪽 병사들은 "저게 뭐지. 구렁이인가? 아아, 무서워. 너무 가까이 가면 구렁이에게 당하겠다."라면서 겁에 질렸습니다. 그러자 어디선가 새가 한 마리 날아와서 "키자 키자[木蛇木蛇]" 하고 울며

야나가와의 병사들이 타고 있는 배에 알렸다고 합니다. 이 소리를 들은 병사들은 안심하면서 "저것은 진짜 구렁이가 아니라 나무로 만든 뱀이구나. 그렇다면 무섭지 않다."고 하면서 기운을 차리고 용기백배하여 명·조선 수군과 싸우면서 무사히 바다를 건너갔다는 것입니다. …… 이 새가 울음소리로 야나가와 병사들을 격려하고 구원했기 때문에, 무네시게 공은 조선에서 돌아올 때 '우리 번을 도와준 수호신'이라고 해서 '고려(高麗) 까마귀[からす]' 두 마리를 데려왔습니다.[17]

인용된 이야기는 도요토미 히데요시[豊臣秀吉]를 도와 조선을 침략한 일원 가운데 한 명이었던 다치바나와 관련된 설화로, 후쿠오카현 세타카마치[瀨高町]의 교육위원회에서 발행한 『후루사토노 무카시바나시(ふるさとの昔ばなし: 고향의 옛이야기)』(1995)의 내용을 재인용한 것으로 보인다.[18] 여기서 말하는 '고려 까마귀'가 바로 까치다. 이 이야기에서 일본에 까치를 데려왔다고 전하는 인물인 다치바나 무네시게는 에도시대 초기까지 살았던 장수이자 야나가와번[柳河藩]의 번주였다. 실제 다치바나는 임진왜란 때 동래성을 공격하는 데 가담하고 벽제관 전투에서도 선발대 역할을 했다고 전한다.[19]

이야기에 보이는 '키자 키자'는 우리말의 '까악 까악'처럼 까치의 울음소리를 표현한 의성어다. 그런데 '키자 키자(きじゃ きじゃ)'는 '나무뱀'을 뜻하는 일본어 木蛇와 발음이 같다. 이 이야기는 이렇게 까치의 울음소리와 '(나무뱀을 뜻하는) 키자[木蛇]'의 발음이

같은 데에서 기인한 언어유희를 바탕으로 한 것이다.

물론 이 이야기는 일본의 입장에서 만들어진 것이라, 다치바나를 영웅시하는 시각이 느껴진다. 다만 다치바나가 자신들을 지켜준 수호신으로 까치를 일본에 들여왔다는 것을 통해, 이 역시 일본인들의 인식 속에 까치는 한반도로부터 전래된 조류임이 강하게 각인되어 있다는 증거가 될 만하다. 이처럼, 신라 및 임진왜란과 관련된 두 이야기를 통해 교류와 대립이 공존했던 우리나라와 일본의 관계를 다시금 돌이켜볼 수 있는데, 그 사이에 까치가 있었다는 점이 눈길을 끈다.

까치, 파이, magpie

까치는 까마귓과[Corvidae family] 까치속[Pica]에 속하는 새를 지칭한다. 영어로 magpie다. 『옥스퍼드영어사전(Oxford English Dictionary)』에 따르면, magpie의 앞부분인 Mag는 영어권에서 가장 인기 있는 여성 이름 중의 하나였던 Margery, Margaret 등을 Mag(ge), Meg(ge), Mog(ge), Mag(g)ot, Meg(g)ot, Mog(g)ot 등과 같은 애완동물 이름으로 부른 것과 관련 있으며, 이런 경향은 14세기 중반 이래 계속되었다고 한다.[20] 그리고 magpie의 뒷부분인 pie는 어원이 프랑스어 pie인 것도 있고, 라틴어 pīca인 것도 있다. 프랑스어 어원이나 라틴어 어원 모두 새 '까치'를 의미하므로, magpie는 까치[Pica pica]라는 의미에서 시작하여 까치와 관련이 있거나 까치와 비슷하게 생긴 다양한 새를 지칭한다. 영어 magpie가 이전에는 새와 관련된 의미 외에도 교활하고 음흉하며 약삭빠른 사람, 수다를 잘 떠는 사람, 대담하거나 뻔뻔한 사람을 가리키기도 했으나 현재는 그런 의미로는 거의 쓰이지 않는다.

까치 magpie는 1500년대부터 현재까지 magpie로 쓰이고 있는데, 1500년대에서 1800년대까지는 magpye로도 쓰였고, 1600년대에는 magge pie, magge pye, magpy, meg-pye의 형태로도 쓰였다. pie 의미의 연상선에서, magpie는 우선적으로 '까치'라는 의미로 쓰이며 그 외에도 여러 가지 의미로 쓰인다. 북반구에서 흔히 볼 수 있는 까치[common magpie 혹은 Eurasian magpie, *Pica pica*]는 길고 뾰족한 꼬리, 검은색과 흰색의 깃털, 시끄러운 울음소리가 특징이며, 밝은 물건을 가져다 쌓아두는 습성으로 인해 불길한 징조의 새로 간주되기도 한다. 반면, '호주 까치'라고 불리는 Australian magpie는 이름은 magpie이지만 까치가 아니며, 백정새과[*Butcherbird* family, *Cracticidae*]에 속하는 검은색과 흰색 깃털을 가진 새를 의미한다.

이외에도, 20세기에 들어서는 검은색과 흰색인 까치 색상과 비슷한 주교의 의복을 유머러스하게 지칭하기도 한다. "그는 긴 사제복을 입었습니까, 까치옷만 입었습니까[Did he wear a cope, or only his magpie]?"[21]

거울 속 자신을 인식하는 까치의 지능

대부분의 동물은 앞에 거울을 제시할 경우 거울에 비친 자신을 향해 공격적인 행동을 하며 반복적인 실험에서도 이러한 행동이 지속되는 반면, 침팬지, 오랑우탄 등 일부 유인원은 거울을 반복적으로 제시할 경우 자신의 신체에 대한 탐색이 증가하고 자기 주도적인 행동이 증가한다는 연구 결과가 있다. 까치 또한 전 세계적으로 지능이 높은 생물로서, 거울 실험에서 자신을 인식할 수 있는 비포유류 중의 하나다.

까치가 거울을 처음 탐색할 때는 거울 쪽으로 다가가 거울 뒤쪽을 살피고 거울을 향해 공격적인 행동을 보이거나 거울을 향해 뛰는 모습도 보인다고 한다. 그러나 두 번째 노출되었을 때에는 이런 행동이 확연히 감소하거나 완전히 중단되었으며, 거울 앞에서 날갯짓을 하며 포즈를 취하는 등 자기 주도적인 행동을 하는 것으로 알려져 있다.[22]

오페라 〈도둑 까치〉와 영국의 '까치 둥지'

오페라 〈도둑 까치[La gazza ladra]〉(1817)는 이탈리아의 작곡가 조아키노 로시니(Gioacchino Rossini, 1792~1868)가 작곡한 것으로 프랑스 작가 보두앵 도비니와 루이 샤를 니즈의 「도둑 까치」(1815)가 원작이다. 부유한 지주 파브리치오의 하녀인 니네타가 쫓기는 신세가 된 아버지를 보호하다 도둑 누명을 쓰고 재판에 회부되어 사형 선고를 받는데, 은수저나 포크를 하나씩 도둑질해 둥지에 숨겨놓은 것이 바로 까치의 짓이었음을 10대 소작농 피포가 알게 되어 교회 종을 울려 사형을 막게 한다. 이후 니네타는 사랑하던 사이인 지주의 아들 자네토와 결혼 승낙을 받고, 딸을 구하러 재판장에 나타났다 체포되었던 니네타의 아버지 또한 사면되며 막을 내린다는 내용이다.[23] 유럽 문화에서 까치는 결혼반지나 귀중품처럼 반짝이는 물건을 수집하는 것으로 유명하며, 오페라 〈도둑 까치〉가 이를 반영한 작품이다.

영국에서 '까치 둥지[a magpie's nest]'는 일반적으로 가치 없는 것을 어수선하고 무질서하게 모으는 행동을 의미한다. 이는 반짝이

그림 1-6 피터 호퍼(Peter Hoffer)가 디자인한 〈도둑 까치[La gazza ladra]〉팸플릿 표지(좌)와 공연 포스터

1장 | 까치

는 물건을 모아 둥지에 집어넣는 습성을 가진 까치의 행동에서 유래했으며, 물건이나 아이디어가 잡다하고 뒤죽박죽인 상황을 비유적으로 표현하는 데에도 사용된다. 이외에, 영국에서는 까치 한 마리를 보면 슬픔이나 불운을 불러오며, 까치 두 마리를 보면 기쁨이나 행운을 가져오며, 까치 세 마리 이상을 보면 운이 좋다는 미신이 있다.[24]

제 2 장

작고 연약하지만 어느 새보다 친근한 · **참새**

참새목 참샛과의 참새는 작고 통통한 몸집에 두 발로 총총 뛰는 모습이 귀엽다. 참새는 까치와 더불어 한반도 전역에 분포하는 대표적인 텃새인데, 아시아와 유럽 등지에 폭넓게 서식한다. 집 마당까지 내려와 먹이를 찾다가 인기척을 느끼면 뽀르르 날아가는 모습을 보면 사람 가까이 사는 새라는 것을 느낄 수 있다.

해로운 곤충을 잡아먹어 사람에게 이로움을 주기도 하지만, 농

그림 2-1 한반도 전역에 서식하는 대표적인 텃새, 참새
ⓒ 조성덕

촌 지역에서는 종묘(種苗) 철 땅에 심은 씨앗을 파헤쳐 먹기도 하고, 수확 철 곡식 낱알을 쪼아 먹어 피해를 주기도 한다. 가을철 농촌 들녘에 허수아비를 세우게 된 것도 참새 때문이다. 그러나 영리한 참새는 도리어 허수아비 머리, 어깨 위에 앉아 쉬다가 다시 먹이를 찾아 날아간다. 이제 동서양 문화 속 참새에 관해 살펴보자.

참된 새일까, 작은 새일까

현대 국어 '참새'의 옛말인 '춤새'는 15세기 문헌에서부터 나타난다. 일반적으로 18세기에 제1음절의 、가 ㅏ로 변했는데 춤새의 '참'도 이 변화를 겪어 18세기 문헌에서부터 '참새'로 나타나 현재까지 이어진다.[1] 우리말 '참새'의 어원은 일반적으로 두 가지로 이야기된다. 첫 번째는 옛날부터 사람 사는 둘레에서 흔히 볼 수 있어 새 가운데 참된 새라는 뜻으로 '참' 자가 붙었다는 것이다. 두 번째는 '조그마한 새'라는 의미로 '좀(조그마한) → 춤 → 참'으로 변했다는 것이다. 어느 쪽도 확실한 근거가 있는 것은 아니지만, 참새라는 새 이름을 민중이 붙였을 것이라 볼 때 두 번째 주장에 더 힘이 실린다.[2] 유희(柳僖, 1773~1837)의 『물명고(物名考)』에 따르면, 참새는 한자어로 작(雀)이 표준어였고 와작(瓦雀)·빈작(賓雀)·가빈(嘉賓)이라고도 했다. 특히 늙어서 무늬가 있는 것은 마작(麻雀), 어려서 입이 황색인 것은 황작(黃雀)이라 했다.[3] 이 중에서 마작(麻雀)은 현대 중국어에서 참새를 뜻하는 단어와 표기가 동일하다.

참새는 크기가 작지만 무리 생활을 하기 때문에 쉽게 눈에 띈다. 이처럼 우리 생활에서 쉽게 만날 수 있는 참새는 그만큼 옛 문학 작품 속에서 소재로 활용된다.

먼저 작자 미상인 고려가요 「사리화(沙里花)」*를 살펴보자.

참새는 어디서 날아왔는고	黃雀何方來去飛
한 해 농사가 아랑곳없구나	一年農事不曾知
늙은 홀아비가 혼자 갈고 매었는데	鰥翁獨自耕耘了
벼와 수수를 다 없애다니	耗盡田中禾黍爲

위 시에서 참새는 늙은 아비가 애써 지은 한 해 농사를 다 망쳐 없애는 존재로 묘사되어, 가혹한 수탈을 일삼는 탐관오리를 비유적으로 나타낸다. 즉 백성을 상징하는 '홀아비'와 대비하여, 농부들의 피와 땀의 결실인 작물을 쪼아 먹는 참새를 백성들을 가혹하게 수탈하는 관리에 비유한 것이다. 이 시는 참새의 부정적인 모습을 반영한다.

다음으로 고려 말 문신 이색(李穡, 1328~1396)의 「군작(群雀)」이라는 시를 살펴보자.

---

* 작자·연대 미상으로, 가사는 전하지 않는다. 다만 고려 말기 문신인 이제현(李齊賢)의 『익재난고(益齋亂藁)』「소악부(小樂府)」와 『고려사』「악지(樂志)」에 노래의 내력과 이제현의 한역시가 수록되어 그 내용을 짐작할 수 있다.[4]

밤에는 마당의 나무 위에서 잠을 자고	夜宿庭中樹
아침에는 성 밖의 벼 이삭을 쪼아 먹네	朝啄城外禾
떼를 이룬 날것들 정녕 자기 뜻대로 살아가며	羣飛政得意
각자 안락한 생활이라 말들 하겠지	各謂安樂窩
하지만 어찌 알겠는가 짓궂은 동네 아이들이	那知豪俠兒
새총을 손에 쥐고 그물을 벌여놓을 줄을	挾彈張罻羅
고니는 사해를 돌아다니겠지만	黃鵠游四海
희망이 끊어졌으니 장차 어찌하리오	望絶將奈何

위 시는 참새가 겪는 고난과 불행을 불운한 인간의 삶에 빗대 풍자적으로 쓴 것으로, 밤에는 마당 나무에서 잠을 자고, 아침에 는 벼 이삭을 쪼아 먹는 참새의 모습을 그렸다. 참새는 자기 뜻대 로 살아가며 삶이 안락하다고 여기지만, 마냥 평범할 것 같은 일 상에서 짓궂은 동네 꼬마들의 새총으로 인한 예기치 못한 불행을 만난다. 화자는 참새를 고니와 비교하며 희망이 없는 것처럼 보이 는 참새의 운명을 이야기한다. 즉, 주어진 환경에 잘 적응하는 안 락한 삶은 안정적이고 편안해 보이지만, 예기치 못한 위기에는 쉽 게 무너지는 양상이 있음을 표현한 것이다.[5]

작고 소심한 참새

小(작을 소)와 隹(새 추)로 이루어져 작은 새를 뜻하는 雀(참새

그림 2-2 조선시대 회화 〈군작도(群雀圖)〉
(작자 미상)

작) 자는 다른 한자와 결합해 다양한 새 이름을 나타낸다. 아름다운 공작(孔雀)을 비롯해 카나리아는 금사작(金絲雀), 검은머리방울새는 금시작(金翅雀), 밀화부리는 납취작(蠟嘴雀) 또는 청작(靑雀), 진홍가슴은 대안작(大眼雀), 동박새는 백안작(白眼雀), 박새는 사십작(四十雀) 또는 임작(荏雀), 곤줄박이는 산작(山雀), 홍방울새는 소작(蘇雀), 여새는 연작(連雀), 물까치는 연작(練雀), 동고비는 오십작(五十雀), 종다리는 운작(雲雀), 새매는 작요(雀鷂), 물총새는 청우작(靑羽雀), 촉새는 호작(蒿雀)이라는 한자 이름을 가졌다.

또한 식물 중에서 귀리는 한자어로 작맥(雀麥)이라고 하며, 작설차(雀舌茶)는 찻잎이 참새 혓바닥 크기만 할 때, 즉 어린 새싹을 따서 만든 차를 말한다.

그 밖에 작목(雀目)은 참새의 눈이라는 뜻으로, 밤눈이 어두운 것을 이르는 말이다. 작맹(雀盲) 또한 같은 의미를 갖는다. 작반(雀

그림 2-3 작맥(雀麥)은 귀리
ⓒ 조성덕

斑)은 참새 무늬라는 뜻으로, 얼굴 군데군데에 생기는 잘고 검은 점, 즉 주근깨를 말한다.

두 발로 작고 가벼운 몸을 옮기며 뛰어다니는 참새의 모습은 활기차 보인다. 이처럼 참새가 총총 뛰는 모습을 마치 사람이 기뻐서 펄쩍펄쩍 뛰는 것에 비유한 '환호작약(歡呼雀躍)'은 크게 소리를 지르며 뛰고 기뻐함을 나타낸다. 비슷한 말로, 몹시 좋아서 뛰며 기뻐함을 뜻하는 '경희작약(驚喜雀躍)' '흔희작약(欣喜雀躍)'이 있다.

한편 참새는 부정적인 비유로도 쓰이는데, '작서지정(雀鼠之庭)'은 사람들이 가기를 꺼리는 곳, 법정 따위를 이른다. 이는 쥐와 마찬가지로 곡식을 훔쳐 사람에게 해를 입히는 참새의 부정적인 면을 부각한 표현이다. '작학관보(雀學鸛步)'는 참새가 황새의 걸음을

2장 | 참새

배운다는 뜻으로, 자기의 역량은 생각하지 않고 억지로 남을 모방함을 비유적으로 이르는 말이다. '명주탄작(明珠彈雀)'은 새를 잡는 데 구슬을 쓴다는 뜻으로, 작은 것을 탐내다가 큰 것을 손해 보게 됨을 이르는 말이다. 참새의 작은 몸집을 역량이 부족한 사람에 빗대었다. 그 밖에 '황구소작(黃口小雀)'은 부리가 누런 참새 새끼라는 뜻으로, 어린아이를 이르거나 철없이 미숙한 사람을 낮잡아 부르는 말이다.

한국어에서 참새의 비유는 주로 부정적인 의미로 나타난다. 예컨대 '참새가슴'은 소심한 성격을 가진 사람을 나타내며, '참새 방앗간'은 좋아하는 장소나 물건을 보고 그냥 지나치지 못하는 습관을 나타낸다. 이를 활용한 속담으로 '참새가 방앗간을 그저 지나랴.'가 있으며, 또한 눈치가 매우 빠름을 뜻하는 '눈치가 참새 방앗간 찾기다.'도 있다.

또한 참새를 쓸모없거나 변변치 않은 존재, 또는 평범한 사람으로 비유한 속담으로 '천 마리 참새가 한 마리 봉만 못하다.' '참새 무리가 어찌 대붕의 뜻을 알랴.' '참새가 아무리 떠들어도 구렁이는 움직이지 않는다.'가 있다. 또한 행동이 인색함을 뜻하는 속담으로 '참새 앞정강이를 긁어 먹는다.'가 있다. 긍정적인 의미를 나타내는 유일한 속담으로는 '참새가 작아도 알만 잘 깐다.'가 있는데, 이는 몸집이 작아도 능히 큰일을 감당할 수 있음을 나타내는 것이다.

부정적인 의미이거나 긍정적인 의미의 속담 대부분이 참새의 작은 몸집으로부터 비유적인 의미가 파생되었음을 알 수 있다.

마췌[麻雀], 잔잔한 얼룩점이 있는 작은 새

중국어로 참새는 '마췌[麻雀]'라고 한다. 글자 가운데 '마[麻]'의 본래 의미는 식물성 섬유를 가리키는 것이지만 파생된 다른 의미 가운데 참새에게 맞는 것은 (흑색, 백색, 황색) 등의 잔잔한 얼룩점 이다.* '췌[雀]'의 글자 구성은 小(작을 소)와 佳(새 추)가 합쳐져 '작 은 새'를 의미한다. 따라서 '마췌[麻雀]'는 참새의 크기와 색깔 같 은 외형을 잘 묘사한 명칭이다.

중국어에는 참새가 등장하는 사자성어가 많은데, 참새가 다른 새에 비해 매우 작고 연약해서 경시하는 표현이 많다.

그중 '항췌셴페이[夯雀先飛]'라는 성어를 먼저 살펴보자. '항[夯]' 은 중국어에서 '어리석다, 우둔하다'라는 의미를 가진 '번[笨]'과 같은 의미를 가진 글자이며, 마지막 글자 '페이[飛]'는 '날다'라는 의미다. 즉 '항췌셴페이[夯雀先飛]'는 '우둔한(어리석은) 사람이 먼 저 난다.'라는 뜻이다. 작은 참새를 우둔하고 어리석은 사람으로 비유해 비교적 경시하는 뉘앙스다. 또한 『사기(史記)』 「진섭세가(陳 涉世家)」에도 이와 유사하게 참새를 비유한 "燕雀安知鴻鵠之志" 라는 유명한 문구가 있다. 이를 직역하면 '제비와 참새가 어찌 기

---

* 帶細碎斑點的[6]라는 의미항을 필자가 '잔잔한 얼룩점'이라 표현했다.

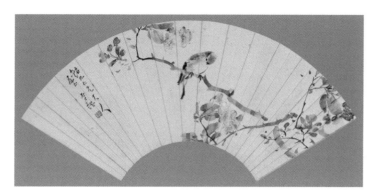

그림 2-4 참새를 묘사한 청나라 때 부채

러기나 백조의 뜻을 알겠는가.'로, '평범한 사람은 영웅의 큰 뜻을 알 수 없다.'라는 의미다. 여기에서도 몸집이 비교적 작은 참새와 제비는 평범한 사람으로 비유되고 있다.

또 다른 사자성어 '야췌우성[鴉雀無聲]'은 직역하면 '까마귀와 참새 소리마저 없다.'로, '쥐 죽은 듯 조용하다.'라는 의미다. 참새는 그야말로 소리조차 작아서 잘 들리지 않는 왜소한 대상물로 묘사된다.

하지만 참새를 소극적 개념으로만 풀이하는 것은 아니다. '환후췌웨[歡呼雀躍]'는 '환호하다'라는 의미의 '환후[歡呼]'와 참새를 나타내는 '췌[雀]', 그리고 '뛰어오르다'라는 의미의 '웨[躍]'가 합쳐진 성어로, 직역하면 '참새처럼 기쁘게 뛰다.'가 된다. 이 사자성어는 매우 즐거운 모습을 묘사하는 말로 쓰인다.

이외에도 고사(故事)에서 유래한 '뤄췌줴수[羅雀掘鼠]'와 같은 성어가 있다. 이 사자성어의 글자를 하나하나 살펴보면 뤄[羅]는 그물, 췌[雀]는 참새, 줴[掘]는 '파다'라는 동사이고, 마지막 수[鼠]는 쥐를 의미한다. 이 단어들이 합쳐져 '그물로 참새를 잡고 굴을 파서 쥐를 잡아먹다.'라는 의미가 된다. 당대(唐代)의 명신(名臣)인 장순(張巡)이 수양(睢陽)*을 지킬 때, 주위가 적에게 포위되어 성내에 식량이 떨어지자 참새와 쥐를 잡아먹으며 버텼다는 고사에서 유래했다. 이후에는 '온갖 수단을 다 써서 자금이나 물자를 조달하다.'라는 의미로 확장되었다.

참새는 작위의 상징

몸집이 작은 참새는 중국에서 어리석고 우둔한 대상으로 표현되기도 하지만, 또 다른 한편에서는 까치와 유사하게 상서로운 징조로 여겨지기도 한다.

『진류기구전(陳留耆舊傳)』**에서 전하기를, 말 방목 등을 관장하는 위상(魏尚)이라는 관리가 있었는데, 한고조(漢高祖) 시기에 태사(太史)***를 하다가 죄를 지어 감옥에 갇히게 되었다. 어느 날 감옥 밖 나뭇가지에 많은 참새들이 와서 날갯짓을 하며 지저귀

---

* 현재 중국 허난성[河南省] 상추시[商丘市]의 옛 지명.
** 중국 고대 진류(陳留) 지역 현인의 언행을 기록한 서적. 진류는 현재 중국 허난성 카이펑시[開封市] 첸류진[陳留鎮]이다.
*** 옛날 중국에서 기록을 맡아보던 관리.[7]

2장 | 참새

고 있었다. 이를 본 위상이 점을 쳐보니 참새는 작(爵), 즉 작위(爵位)*를 나타내는 상서로운 징조의 상징이었다. 이러한 참새가 여러 번 지저귀는 것을 듣고 위상은 자신이 곧 관직을 회복하게 되리라 믿었다. 그리고 얼마 지나지 않아 벼슬에 복귀하라는 조서(詔書)를 받았다고 한다.

참새의 눈물만 한 월급

일본에서는 참새를 '스즈메(すずめ)'라고 부르고, 한자로는 雀(참새 작)을 쓴다.[9] 스즈메 하면 2022년에 개봉한 신카이 마코토[新海誠] 감독의 〈스즈메의 문단속〉이 떠오른다. 이 영화 제목의 '스즈메'가 바로 참새인데, 사람의 이름을 '스즈메'라고 붙인 것을 보면 우리와 마찬가지로 일본인들에게도 참새가 친숙한 새라는 사실을 알 수 있다. 참새는 서쪽으로는 포르투갈부터 동쪽으로는 일본까지, 유라시아 대륙 전반에 걸쳐 서식한다고 한다.[10] 이렇게 광범위하게 서식하는 참새들에 대해 특별한 구분을 하고 있지 않은 것으로 볼 때, 일반적으로 이 일군의 참새들을 같은 종으로 인식하는 듯하다.

참새와 관련된 일본어 표현으로 '스즈메노 나미다호도노 겟큐

---

* 다섯 등급의 작(爵)에 속하는 제후나 귀족의 벼슬. 공(公), 후(侯), 백(伯), 자(子), 남(男)을 이른다.[8]

[雀の涙ほどの月給]'라는 말이 있다. 이 말은 우리말의 '쥐꼬리만한 월급'과 같은 뜻인데, 부족한 월급을 '참새의 눈물'에 빗댄 것이다.[11] 한국에서는 아주 작은 것을 '쥐꼬리'에 비유하는데, 일본에서는 '참새의 눈물'로 표현한 것이 재미있다. 참새를 빗댄 다른 표현으로 '스즈메 햐큐마데 오도리 와스레즈[雀百まで踊り忘れず]'가 있다. 이 말은 참새는 백 살이 될 때까지도 춤추는 것을 잊지 않는다는 뜻으로, 그 속뜻은 우리 속담 '세 살 버릇 여든까지 간다.'와 같다.[12] 흔히 보듯이 참새의 몸짓은 가볍고 경쾌한데, 이 말을 만든 사람들은 참새의 이러한 모습을 보고 춤을 춘다고 여긴 듯하다. 백 살이 될 때까지도 춤추는 것을 잊지 않는다고 표현한 것은 참새의 몸짓을 일종의 습관이라고 인식한 결과로 보인다.

혀 잘린 참새 이야기

참새와 관련된 대표적인 일본의 전래동화는 '혀 잘린 참새[舌切雀]'다. 일본어로 '시타키리 스즈메(したきりすずめ)'라고 읽는 이 이야기는, 전체적인 내용의 얼개가 우리나라의 「흥부전」과 흡사한데, 이 이야기의 앞부분은 다음과 같다.

옛날옛날 어딘가에 할아버지와 할머니가 있었습니다. 아이가 없기에 할아버지는 참새 한 마리를 소중히 바구니에 넣고 키웠습니다. 어느 날 할아버지는 여느 때처럼 벌초를 하러 산에 갔고, 할머니는 우물가에서

빨래를 하고 있었습니다. 빨래에 먹일 풀을 할머니가 부엌 곳곳에 두고 집을 비운 사이, 참새가 바구니에서 폴짝폴짝 걸어 나와 그 풀을 남김없이 핥아서 먹어버렸습니다. 풀을 가지러 할머니가 돌아왔는데, 접시에 있던 풀이 감쪽같이 없어진 것입니다. 참새가 그 풀을 모두 먹어버렸다는 것을 알게 되자, 심술궂은 할머니는 몹시 화가 나서 작은 참새를 붙잡고 억지로 입을 벌리며 "이 혓바닥이 그런 못된 짓을 했단 말이지!"라고 말하며 가위로 참새의 혀를 잘라버렸습니다. 그러고는 "자, 어디든 나가라."고 하면서 새를 쫓아냈습니다. 참새는 슬픈 듯한 목소리로 "아파, 아파." 하고 울면서 날아갔습니다. 저녁 무렵이 되자 할아버지는 벌초한 꼴을 메고 산에서 돌아와 "아이고 지쳤네. 참새도 배고프겠지. 먹이나 줘야겠다."라고 말하면서 바구니 앞에 갔는데 안에 있던 참새가 없어진 것입니다. 할아버지는 놀라면서 "할매, 할매, 참새가 어디 갔지?"라고 물었습니다. 그러자 할머니가 무심한 얼굴을 하고서 "참새 말인가요? 그 녀석이 내 소중한 빨래 풀을 먹어치워서 혀끝을 잘라버렸지요."라고 말했습니다. 할아버지는 "아이고 불쌍해라. 심한 짓을 했네 그려……"라고 말하고는 낙담한 표정을 지었습니다.[13]

이어지는 이야기에서 할아버지와 산에서 만난 참새는 자신을 키워줬던 할아버지에게 궤짝 두 개를 선물한다. 할아버지는 그중에서 가벼운 궤짝 하나만을 가져왔는데, 그 안에 보물이 있었다. 이에 할머니는 산에 가서 나머지 궤짝을 가져왔지만, 그 안에는 뱀과 돌멩이만 가득 들어 있었다.[14]

그림 2-5 가와나베 교사이[河鍋暁斎]의 〈혀 잘린 참새 이야기〉

「흥부전」에서 놀부에 해당하는 캐릭터가 이 이야기에서는 할머니이며, 욕심을 부리다가 더 나쁜 결과를 가져온다는 것은 두 이야기가 비슷하다. 다만 「흥부전」에도 놀부가 제비의 다리를 부러뜨린다는 내용이 있지만, 참새의 혀를 자르는 부분에는 좀 잔인한 면이 있다고 여겨진다. 할머니가 이러한 행동을 하는 데까지 그동안 쌓인 감정이 있었다고 생각해볼 수 있는데, 이러한 까닭에서인지 「인간실격」으로 유명한 소설가 다자이 오사무[太宰治]는 할아버지와 대화를 정답게 주고받았던 참새를 할머니가 질투한 것으로 각색한 바 있다.[15]

sparrow와 spadger

'참새'의 영어 표현은 sparrow다. 참샛과[*Passeridae* family]에 속

한 새를 가리키는데, 원산지인 유럽에서 흔히 볼 수 있으며 다른 여러 나라로도 귀화한 house sparrow[*Passer domesticus*]가 대표적이며, Eurasian tree sparrow[*Passer montanus*]라고도 부른다.

영어 sparrow는 게르만어에서 유래했다. 『옥스퍼드영어사전』에 따르면, 단어 형태상 spearua, sparwe와 sparrow 두 가지 갈래로 구분할 수 있다. 고대 영어의 spearu(u)a, spearwa 및 spearewa, 중세 영어의 sperwe, sparwe 및 sparewe가 전자에 속하고, 고대 영어의 spearuwa, 중세 영어의 speruwe 및 sperow, sperrowe, 그리고 중세 영어의 sparuwe, 중세부터 1500년대까지 영어의 sparowe와 sparow 및 sparou, 1500년대 이후부터 지금까지 영어의 sparrow가 후자에 속한다. 고트족 언어의 *sparwa*, 중세 고지 독일어의 *sparwe, sparbe, sperwe*, 고대 덴마크어의 *sparwe, sporwe, spørwe* 등이 관련성이 있다. 어간(語幹, stem)의 *w*는 고대 고지 독일어의 *sparo*와 고대 노르웨이어의 *spọrr* 등에서 사라졌다.* 게르만어를 제외하면, 어간은 고대 프로이센어 *spurglis*(sparrow: 참새), *spergla-wanags*(sparrow-hawk: 새매)에 쓰였다.

많은 이민자들이 유럽에서 전 세계로 흩어졌기 때문에 (집)참새 [house sparrow] 또한 유럽에서 전 세계로 흩어졌을 뿐만 아니라 전 세계적으로 많이 소개되며 언급되고 있다.[16] sparrow 앞에 여러 가

---

* 그 예로 중세 고지 독일어 spare, spar, 독일어 방언 spar, 노르웨이어 방언 sporr, spør, 현재는 안 쓰이는 덴마크어 sparre, spurre를 들 수 있다.

지 수식어를 덧붙이면 진짜 참새의 변종 혹은 진짜 참새와 비슷하게 생긴 다른 새들을 가리킨다. 멧새[field-sparrow, *Spizella pusilla*], 늪참새[swamp-sparrow, *Melospiza georgiana*], 멧종다리[song sparrow, *Melospiza melodia*]는 참샛과에 속하고, 문조文鳥[Java sparrow, *Padda oryzivora*], 바위종다리[hedge sparrow, *Prunella modularis*], 기슭노래방울새[reed-sparrow, *Acrocephalus scirpaceus*]는 참샛과에 속하지 않는다.

spadger는 방언이나 구어에서 참새를 의미하는 영어 표현으로, "The sparrow, or 'spadger', is a friend to the farmer[참새(sparrow 혹은 'spadger')는 농부의 친구다]."[17] 같은 예문에서 확인할 수 있다.

참새 같은 사람

영어에서 sparrow가 쓰이는 비유적 표현은 주로 참새의 외형을 빗댄 것이다. sparrow-mouth는 속어나 방언으로 쓰여 참새의 입을 연상시키는 좌우로 넓은 입을 의미하며, sparrow-fart[참새 방귀]는 복수로 쓰여 새벽, 이른 아침 혹은 하찮은 사람을 의미한다. 또한 sparrow-brain[참새 뇌]은 지능이나 인식 능력이 모자란 사람을 의미한다.

sparrow는 새를 가리키는 것 외에도, 쾌활하고 재치 있는 사람을 가리키거나 속어로 쓰이기도 한다. "There are never any low class twits, only cockney sparrows and 'characters'[절대 수준 낮은

멍청이는 없고, 런던내기 재치꾼과 '괴짜'만이 있을 뿐이다].”[18] “There are their 'sparrows' (beer or beer money), given by householders (to the dustmen) when their dust-holes are emptied[청소부가 쓰레기 버리는 구덩이를 비웠을 때 집주인이 (청소부에게) 주는 '참새'(맥주 또는 맥주 한 잔 정도의 푼돈)가 있다].”[19]

spadger 또한 '소년'이라는 의미로도 쓰였으나 현재는 잘 쓰이지 않는다.

저속함과 음란함에서 신성함까지

고대 그리스인들은 참새를 사랑과 정욕의 여신 아프로디테(로마 신화에서는 비너스)와 연관시키기도 했다. 아름답고 황홀하며 완벽하게 대칭인 아프로디테를 제우스가 올림포스 신들 중 가장 추하게 생긴 헤파이스토스와 결혼시키면서 여러 신들과 얽히고설킨 복잡한 애정 관계와 배신, 징벌, 살인 등이 연이어 일어나게 되었다. 아프로디테가 미소를 좋아하고 아름다우며 자비로운 이미지를 가지는 동시에 거룩하지 않고 정욕적이며 어두운 이미지 또한 가지게 된 것이다. 이와 관련해 아프로디테는 자주 마법의 띠와 껍질, 비둘기 또는 참새, 장미, 도금양과 함께 표현되었다.[20]

기원후 2세기경 로마 소설 「황금 당나귀[The Golden Ass(Asinus aureus)]」에도 아프로디테와 참새가 등장하는 부분이 있다. “흰 비둘기 네 마리가 …… (아프로디테의 병거의) 보석으로 장식된 멍에

그림 2-6 기원전 450~400년에 제작된 그리스 물병에 묘사된 아프로디테와 에로테스

를 따랐다. 그들은 여신 아프로디테를 태우고 기쁨에 차 위로 올라갔다. 참새들은 여신의 마차를 호위하면서 재잘거림을 즐겼고, 평소 감미로운 노래를 부르는 다른 새들은 달콤한 선율의 즐거운 소리로 여신이 다가옴을 알렸다."[21]

한편, 기독교 성경에서 참새는 피조물에 대한 하나님의 사랑과 보살핌, 그리고 하나님의 공급하심에 대한 겸손과 신뢰의 중요성을 나타낸다.[22] "참새 두 마리가 한 앗사리온에 팔리는 것이 아니냐. 그러나 너희 아버지께서 허락지 아니하시면 그 하나라도 땅에 떨어지지 아니하리라. 너희에게는 머리털까지 다 세신바 되었나니. 두려워하지 말라 너희는 많은 참새보다 귀하니라."(마태복음 10장 29~31절)

제3장

하늘의 제왕 · **독수리**

독수리는 매목 수릿과에 속하는 조류 중 하나로, 큰 몸집에 폭이 넓고 긴 날개, 날카로운 발톱, 굵은 부리를 갖고 있다. 펼치면 3미터에 달하는 날개로 하늘을 나는 모습은 날렵하고 용맹스럽게 느껴진다. 그래서 고대부터 권위, 힘, 하늘신의 상징 등으로 여겨졌다. 예컨대, 고대 메소포타미아와 이집트 문명에서 독수리는 하늘의 신과 인간을 연결하는 역할을 수행한다고 믿어졌으며 영원불멸의 삶을 상징했다.[1]

대머리를 가진, 신의 사자

현재 한국에서는 경찰(엄밀하게 말하면 독수리가 아니라 참수리다), 연세대학교, 한화 이글스 야구단, 육군 특수전사령부 등의 심벌로 쓰이며, 2012년, 2017년, 2023년 태풍의 이름으로 등장하기도 했다.

한편, 서구 문화권에서는 제정 러시아 황제와 나폴레옹의 문장(紋章)*으로 사용되었으며, 현재 미국의 국조로 지정되어 국장(國

그림 3-1 고대부터 하늘신의 상징으로 여겨진 독수리

章)에 사용되기도 한다(역시 엄밀하게는 흰머리수리다). 또한 강한 러시아를 표방하는 러시아에서도 쌍두독수리를 국장으로 사용하고 있다.[2] 이처럼 독수리는 강인함, 용맹함, 날렵함, 빠름, 매서움 등의 상징으로 쓰인다.

한국어 '독수리'는 대머리를 뜻하는 한자 '독(禿)'을 접두어로 쓰고 고유어 '수리'가 결합한 것으로, 민숭민숭한 머리를 가진 독수리의 특성을 반영한 이름이다. 근대 국어 후기에 ㅅ 뒤에서 이중모음 ㅑ, ㅕ, ㅛ, ㅠ 등이 반모음 탈락으로 단모음화하는 현상에 따라 '수'와 '슈'의 혼동 표기가 나타나기도 했는데, 19세기의 '독슈리'는 이러한 현상을 반영한 표기다.[3] 문헌에 나타난 표기 변화는

---

* (앞쪽) 국가, 단체, 집안을 나타내는 상징.

그림 3-2 왼쪽부터 대한민국 경찰, 한화 이글스 야구단, 육군 특수전사령부 심벌

다음과 같다.

> 독슈리 鷲《1880 한불 486》
>
> 아모 곳에 죽임이 잇스매 더긔 독슈리 모히리라《1892 성직 7:121ㄱ》
>
> 독수리《1895 국한 81》

동시에, 독수리를 뜻하는 한자로는 雕(독수리 조), 鷲(독수리 취), 鵰(독수리 판) 등이 있다.

한국에는 독수리를 비롯해 검독수리, 참수리, 흰꼬리수리와 같은 수릿과 조류를 만날 수 있다. 그러나 독수리는 겨울 철새로 현재는 드물게 발견되며, 오히려 북한 고준지대에서 번식하다가 겨울철 남한 지역으로 월동하는 참수리를 많이 볼 수 있다. 그럼에도 수릿과의 독수리, 참수리, 검독수리 따위를 모두 일반적으로 '독수리'라고 부른다.

문헌과 언어생활에서 나타나는 독수리의 상징과 비유

『삼국유사』「가락국기조(駕洛國記條)」에 수리가 등장한다. 수로왕이 탈해(脫解)와 변신술 경쟁을 벌였는데, 탈해가 매로 변하자 수로왕은 수리[鷲]로 변하여 이겼다고 한다. 이를 보면 수리가 매보다 더욱 힘센 동물로 인식됨을 알 수 있다.[4] 『한국구비문학대계』의 '삼두구미본' 설화에도 독수리가 등장한다. 머리 셋에 꼬리 아홉 개를 가진 한국의 요괴 삼두구미가 괴물을 퇴치하는 과정에서 괴물의 시체를 독수리에게 던져주는 대목이 나오는데, 이는 독수리를 신성한 동물로 믿었다는 것을 알 수 있게 한다.[5]

이외에도 독수리는 탁월한 인재를 비유적으로 나타낸다. 다음 시[6]를 살펴보자.

용들이 겨루는 시험장에서 매번 장원하신 분	每魁場屋群龍鬪
월등한 재명은 종횡무진 한 마리 수리였어라	獨步才名一鶚橫*

위 문장에서 수리는 탁월한 인재의 비유로, 후한(後漢) 공융(孔融)이 예형(禰衡)을 추천하면서 "사나운 새가 수백 마리 있어도 한 마리의 독수리보다 못하니, 예형을 조정에 세우면 필시 볼 만한 점

---

* 『가정집(稼亭集)』 권20 「용두동(龍頭洞)을 지나면서 전현(前賢)의 시에 차운하다. 이곳은 고(故) 상신(相臣) 조 장원(趙狀元)이 살던 곳이다」.

3장 | 독수리

그림 3-3 개항기 화가 김윤보의 〈독수리〉

이 있을 것이다[鷙鳥累百 不如一鶚 使 衡立朝 必有可觀].”[7]라고 말한 고사에서 비롯된 것이다.

'조등(刁蹬)'이라는 단어가 있다. 독수리는 토끼를 잡을 때 쫓아가서 바로 잡을 수 있지만 잡지 않고 빙빙 날아다니며 살펴보고 토끼가 지치기를 기다렸다가 잡는데, 이처럼 위엄을 부려 다른 사람을 침범하는 것을 말한다.* 현재는 간사한 꾀를 써서 물건의 시세를 오르게 함을 이르는 말로 쓰인다.

속담에서 독수리는 긍정적, 부정적 이미지로 다양하게 나타난다. 예컨대 '뱁새가 수리를 낳는다.'는 못난 어버이한테서 훌륭한 자식이 난 경우를 비유적으로 이르며, 독수리를 긍정적으로 인식하고 있다. 또한 '독수리는 파리를 못 잡는다.'는 각자 능

---

* 그러나 실제로 독수리는 용맹스럽고 잔인한 것 같은 인상과는 달리 몸이 둔하여 살아 있는 동물의 포획에는 실패하는 경우가 많다고 한다.[8]

력에 맞는 일이 따로 있다는 말로, 독수리를 능력이 뛰어난 사람으로 인식했다. 또한 '날개 부러진 독수리'는 위세를 부리다가 타격을 받고 힘이 없어진 사람을 비유적으로 이르는 말이다. '독수리 본 닭 구구하듯'은 독수리를 본 닭이 정신이 나가 떠도는 데서 유래한 말로, 위험이 닥쳤을 때 겁에 질려 어쩔 줄 모르는 모양을 비유적으로 표현한 것이다.

머리가 벗겨져 투주[禿鷲]

중국어로 독수리는 '투주[禿鷲]'라고 한다. 앞 글자의 '투[禿]'는 '대머리 독' 자로 '대머리' '머리가 벗어지다'라는 의미다. 수릿과*에는 여러 형태의 독수리가 있지만, 가장 전형적인 독수리의 외형은 흑갈색 깃털을 가지고 있으며 머리와 목덜미에 털이 없다. 그 모습을 '투[禿]' 자가 잘 묘사하고 있다. '주[鷲]'는 형성자로 글자의 아래쪽 鳥(새 조)가 의미를 나타내고, 글자의 위쪽 就[주]가 발음(소리)을 나타낸다. '우주[兀鷲]'라고 부르기도 하는데, '우[兀, 우뚝할 올]'는 높이 (우뚝) 솟은 모양이나 머리가 벗겨진 모양을 나타낸다.

중국에는 서북 지역과 티베트 고원지대 그리고 서남 지역의 변경을 중심으로 후우주[胡兀鷲], 바이베이우주[白背兀鷲], 헤이우주

---

* 동물 조강 황새목의 한 과. 부리, 다리가 날카롭다. 대개 단독 생활을 하는데 새, 개구리, 뱀 따위를 잡아먹는다. 독수리, 새매, 솔개 따위가 있다.[9]

[黑兀鷲], 시주이우주[細嘴兀鷲] 등 여러 종류의 독수리가 분포하고 있다.

이 명칭을 차례대로 살펴보면, 후우주[胡兀鷲]의 '후[胡]'는 후즈[胡子], 즉 수염을 의미한다. 실제로도 수염 같은 털이 달린 외형을 가진 '수염수리'를 가리키는 단어다. 바이베이우주[白背兀鷲]는 '흰등독수리'를 가리키며, 헤이우주[黑兀鷲]는 직역하면 '검은 독수리'이지만 실제로는 몸체가 검고 머리는 붉은색인 독수리로, '붉은머리독수리'로 불린다. 한국어 이름은 독수리 머리의 색깔을 주목했고, 중국어 이름은 몸체의 색깔을 중심으로 표현했다. 시주이우주[細嘴兀鷲]는 '가는부리독수리'인데, 시주이[細嘴]는 중국어로 '가느다란 부리'라는 의미로 서로 상통한다. 또 한 가지 흥미로운 것은 독수리의 속칭(俗稱)인 '거우터우주[狗頭鷲]'인데, 직역하면 '개머리독수리'다.

영혼의 사자(使者)이자 신령한 새

일반적으로 독수리는 흉악하고 사나운 이미지를 가지고 있지만, 중국의 문학 작품이나 일부 중국 소수민족 문화권에서는 신령한 존재로 여겨진다. 대만의 현대 무협소설 작가인 소일(蕭逸)이 쓴 『천룡지호(天龍地虎)』이라는 무협소설에서는 도인(道人)이 길을 떠나는 여자 협객에게 한 쌍의 독수리를 전해주는 장면이 나온다. 이 독수리는 도인에게서 길러져 신비스럽고 영험한 힘을 가

그림 3-4 티베트족의 장례 의식

진 동물로 묘사된다.

　또한 세계에서 가장 많은 독수리가 분포하는 지역 중 하나인 중국의 시장[西藏: 티베트]에서는 독수리를 매우 경의한다. 티베트족은 독수리를 신조(神鳥: 신령한 새)로 생각[10]했으며, 영혼의 사자(使者)로 여겼는데, 이러한 특징은 천장(天葬) 또는 조장(鳥葬)이라 불리는 티베트족의 장례 문화에 반영되어 있다. 티베트족의 장례 절차는 사람의 사체를 구부려 머리를 양 무릎 사이에 넣고 흰색 장포(藏袍)로 두르면 기도승이 와서 극락왕생을 바라는 독경을 하는 것으로 시작된다. 이후 택일을 하여 이른 새벽 사체를 천장(天

葬) 장소(언덕)로 옮긴 후 불을 피우고 인골로 만든 피리를 불어 독수리 등 새를 부른다. 이때 전문적으로 천장을 하는 사람이 사체를 머리와 몸체, 사지 순으로 새들이 먹게 던져주고, 남겨진 뼈는 다시 부수어 보리와 피로 새알처럼 뭉쳐 새들에게 던져준 후 장례를 마친다.

티베트족은 매장을 하면 죽은 자가 다시 태어나지 못하고, 새들이 먹으면 죽은 자의 영혼이 하늘로 올라갈 수 있다고 여겨 천장이 유행하게 되었다[11]고 한다. 티베트족에게 독수리는 이처럼 하늘과 사람의 영혼을 이어주는 신성한 새로 인식된다.

2012년에 발행된 『고궁화보·화조권·응취(故宮畫譜·花鳥卷·鷹鷲)』

그림 3-5 『고궁화보·화조권·응취
(故宮畫譜·花鳥卷·鷹鷲)』의 표지

는 중국 고궁(故宮)의 소장품 가운데 역대 명화의 기법을 설명한 책이다. 송나라부터 근대 시기까지 역대 유명한 명화와 청대(淸代)의 저명한 회화 교재인 『개자원화보(芥子園畫譜)』를 포함해 정리했다. 책의 명칭에 꽃과 새, 화조(花鳥)와 함께 매와 독수리를 함께 이르는 '응취(鷹鷲)'를 직접적으로 제시한 것으로 보아 고대에는 조류 가운데에서도 매와 독수리의 그림이 성행했던 것으로 보인다.

와시(わし)와 다카(たか)가 다투는 일본의 하늘

일본에서는 독수리를 '와시(わし)'라고 부르고, 한자로는 鷲(독수리 취)로 표기한다. 또 다른 맹금류(猛禽類)인 '다카(たか, 鷹)'는 매를 뜻하는 단어이므로 구분이 필요하다.[12] '와시'와 '다카'는 모두 매목[Falconiformes]에 속하기에 일본인들도 헷갈리는 듯한데, 인터넷 사이트에는 이 둘의 차이를 비교하는 내용도 눈에 띈다.[13]

독수리는 날카로운 발톱 및 매서운 눈매가 주는 강렬한 이미지를 통해 일본인들에게도 특별한 인상을 준 듯하다. 생김새로 볼 때 우리가 일반적으로 생각하는 독수리는 오지로와시(おじろわし, 尾白鷲)로 불리는 듯한데, 이 새에 관한 설명은 다음과 같다.

전체 길이 80센티미터(수컷), 94센티미터(암컷). 날개를 펼치면 2미터 20센티미터까지 길어진다. 독수리와 매의 경우 몸의 크기가 수컷보다 암컷이 큰 경우가 보통이다. 몸 전체가 진한 갈색으로서 완만한 쐐기 모양의 꼬리가 하얗기 때문에 이러한 이름[=おじろ, 尾白]을 가지게 되었다. 겨울 철새로서 전국에 도래하지만, 대부분은 북일본에 집중적으로 서식한다. 유라시아 대륙 북부 일대에서 번식하는 독수리로서, 홋카이도에서는 극소수가 번식한다. 해안, 연못, 큰 하천 물가에 서식하며 물고기나 포유동물을 잡아먹지만 바닷새나 물범류 등의 사체도 먹는다. 홋카이도 동부나 시레토코[知床: 홋카이도 동북단의 반도] 등의 해안에서 빙하 위에 수십 마리가 무리 지어 있는 것이 눈에 띄기도 하며, 바위나 빙하 위, 마

그림 3-6 오지로와시 혹은 흰꼬리수리
ⓒ 조성덕

른 나무에 오롯이 서 있는 모습은 품격이 있다.[14]

오지로와시는 흰 꼬리[尾白, おじろ] 독수리[鷲, わし]라는 뜻 그대로 꼬리의 깃털 색이 흰 맹금류다. 실제 독수리나 매에 관한 영상을 보면 암컷이 수컷보다 큰 경우가 많은데, 오지로와시의 경우도 그런 듯하다. 그러나 오지로와시는 독수리가 아니라 흰꼬리수리로, 독수리와 마찬가지로 수릿과 조류다. 즉 와시(わし, 鷲)는 독수리만이 아니라 수릿과 조류를 폭넓게 이르는 이름이다.

오지로와시 외에 이누와시(いぬわし)나 오와시(おおわし)가 있는데, 이누와시는 주로 일본 본토의 산악 지형에, 오와시는 극동 지

역에 서식하며, 개체 수는 이누와시가 더 많다고 한다. 우리나라의 조류명으로 보자면 이누와시는 검독수리에, 오와시는 흰죽지참수리에 해당한다.

날개를 펼치면 2미터가 넘는 거대한 조류가 재빠르게 사냥감을 잡아채는 모습은 사람들에게 두려움을 심어주었을 것이다. 일본에 이와 관련된 설화가 있다. 어느 날 어떤 어머니가 논을 갈고 있었는데 논두렁에 눕혀놓은 아기를 갑자기 독수리가 낚아채 갔다. 이 아이가 절에서 길러진 뒤 훌륭한 도련님으로 자라서 나중에 어머니와 재회한다는 내용이다.[15]

이 내용을 볼 때, 이야기가 지어진 당시 사람들에게 와시(わし)로 불린 독수리를 비롯한 맹금류는 사람을 해치는 위험한 존재로 여겨졌음을 알 수 있다. 실제 수리와 매는 먹이를 보는 즉시 가공할 속력으로 하강해 도망가는 짐승들을 잡아채고는 하는데, 그러한 공격이 사람, 특히 어린아이들에게 향했을 가능성을 배제할 수는 없을 것이다.

위를 보지 않는 독선적인 독수리

독수리와 관련된 일본어 표현으로 와시바나(わしばな, 鷲鼻)와 와시즈카미(わしづかみ, 鷲摑み)가 있다. 우선 와시바나의 하나(はな, 鼻)는 눈코입의 코이며, 와시바나는 직역하면 '독수리의 코'가 되겠다. 그리고 그 의미는 매부리코와 같다.[16] 우리말의 매부리코

역시 매의 부리를 닮은 코라는 점에서 한국과 일본 모두 휘어지고 끝이 뾰족한 코를 맹금류의 부리에 비유한다는 점이 흥미롭다. 와시즈카미(わしづかみ, 鷲摑み)에서 쓰카미[摑み]는 붙잡는다는 뜻으로, 와시즈카미는 (독수리가 먹이를 잡듯이) 손바닥을 크게 펴서 움켜쥐는 것을 의미한다. 예컨대 '사쓰타바오 와시즈카미니시테 니게루[札束を鷲摑みにして逃げる].'라는 문장의 경우, 돈다발을 움켜쥐고 도망친다는 의미가 된다.[17]

한편, 독수리와 관련된 일본의 관용 표현으로 '우에미누 와시(うえみぬわし, 上見ぬ鷲)'라는 말이 있다. 우에미누(うえみぬ, 上見ぬ)는 '위를 보지 않는다.'라는 뜻이므로, '우에미누 와시'를 직역하면 '위를 보지 않는 독수리' 정도가 되겠다. 이 말은 독수리가 다른 새를 두려워할 필요가 없어서 상공을 살펴보지 않는 것처럼, 다른 사람을 두려워하지 않는 모양이나 태도를 일컫는다고 한다.[18]

이 말은 세상에 오직 자신이 존재한다는 '천상천하 유아독존(天上天下唯我獨尊)'과 의미가 통하는데, 사장이나 회장 같은 높은 자리에 올라 남의 의견을 경청하지 않는 사람에게, 그러한 오만함을 비판하는 뉘앙스로 쓰인다고 한다.[19] 이 역시 독수리가 가진 특유의 공격성과 하늘의 제왕이라는 권위적인 특징을 반영해 만든 표현이라 할 수 있다.

별자리, 인간, 골프와 독수리

독수리의 일반적인 영어 표현은 eagle이며, eaglet은 독수리 새끼를 의미한다. 『옥스퍼드영어사전』에 따르면, 영어 eagle은 프랑스어 eagle에서 빌려온 말이다.[20] 어원은 앵글로 노르만어 *eagle*, *egle*, *egill*, *eigle*, *aegle*, 앵글로 노르만어와 중세 프랑스어 *aigle*이며, 이는 고전 라틴어 *aquila*[eagle]와 기원을 알 수 없는 *aquilus*[dark brown]에서 기원한 것으로, 프랑스어 단어는 고전 라틴어 *aquila*의 불규칙한 음운 변천을 반영한 것으로 보인다.

독수리와 연관된 영어 단어로는 eagle 외에도 vulture, buzzard가 있다. eagle은 수릿과[*Accipitridae* family] 조롱이아과[*Accipitrinae* subfamily]에 속한다. vulture는 수릿과와 콘도르과[*Cathartidae* family] 두 가지 부류로 구분되어 독수리 혹은 콘도르로 불리며, 이 중 수릿과의 수염독수리아과[*Gypaetinae* subfamily]와 독수리아과[*Aegypiinae* subfamily]가 독수리와 관련이 크다. buzzard는 유럽에서는 수릿과 말똥가리아과[*Buteoninae* subfamily]에 속하는 common buzzard[*Buteo buteo*, 말똥가리]를 지칭하며, 아메리카에서는 이를 흔히 hawk[매]라고 부른다.[21]

eagle은 별자리를 가리키거나 독수리의 특성을 지닌 사람을 비유적으로 표현하는 데에 쓰이기도 한다. 먼저, eagle 앞에 the를 붙이거나 첫 알파벳을 대문자로 쓰면 별자리인 독수리자리[Constellation Aquila]를 뜻한다. aquila는 eagle의 라틴어 표현이다.

그림 3-7 독수리자리

　독수리의 강한 면을 부각시켜 강력한 사람이나 명령하는 사람을 비유적으로 가리키기도 하며, 조류에서 독수리가 차지하는 위상과 상징성에 초점을 두어 위대하거나 중요한 사람을 의미하기도 한다. "독수리는 파리와 변종을 잡지 않는다[Eagles don't catch flies and variants]."는 독수리처럼 대단한 사람들은 하찮은 사람이나 사소한 일에 관심을 갖지 않는다는 의미로 쓰이는 표현이다.

　긍정적인 의미뿐만 아니라 부정적인 의미로 비유되는 예도 있다. 현재에는 쓰이지 않지만, 17세기에는 실력이 아닌 운으로 게임에서 이기는 도박꾼을 가리키는 속어로 쓰인 것이다. vulture는 남의 불행을 이용하는 사람, 사악하고 탐욕스런 성품의 사람을 가리키기도 한다.

　스코틀랜드에서 시작된 골프가 전 세계적으로 유행하고 있는데, eagle은 골프 용어로서 한 홀에서 2언더파를 기록하는 것을 가리킨다. "이글을 확보하려면 파보다 적은 두 홀에 홀아웃하여 각 상대로부터 세 개의 볼(이글 둘, 버디 하나)을 받아야 한다[To secure an Eagle one must hole out in two less than par, thereby receiving from each opponent three balls (two for the Eagle and one for the Birdie)]."[22] "H. B. 마틴의 저서 『미국 골프 50년[Fifty Years of American Golf]』에 따르면, 골프에서 eagle이라는 용어는 1903년 애틀랜틱시티에서 쓰이기 시작했다. 어떤 골퍼가 좋은 홀을 기록하면 골퍼들은 이를 '샷의 새[a bird of a shot]'라고 부르곤 했다. 이것이 1언더파를 나타내게 되자 '버디(birdie)'라는 용어를 사용했고, 이보다 나은 것은 이글(eagle)이라고 불렀다.*

자유, 권력, 전지전능의 상징 독수리

독수리는 주화에도 새겨져 사용되었다. 기원전 페니키아 티르 지역 등 고대에도 독수리 문양이 새겨진 주화를 찾아볼 수 있다. 중세 영국에서는 에드워드 1세(재위 1272~1307)의 영국 은화를 모방해 유럽 조폐국에서 만든 독수리 문양의 주화가 유통되었다.

---

* According to H.B. Martin's book *Fifty Years of American Golf*, the term 'eagle' in golf originated in Atlantic City in 1903. When a player had a good hole, golfers used to call it "a bird of a shot". That evolved to represent one under par, hence the term "birdie", and anything better was called an eagle.[23]

그림 3-8 페니키아 티르 지역에서 사용된 주화(좌)와 1856년 주조된 미국의 1센트 동전(우)

18세기 미국에서도 독수리 문양을 새긴 10달러짜리 금화가 사용되었는데, 1933년 금 사재기를 금지하는 행정명령으로 인해 생산이 중단되었다고 한다.

독수리는 자유, 힘, 권력을 상징한다. 로마시대에 은색이나 금색으로 조각한 독수리를 장대에 매달아 군단을 상징했고, 미국에서는 독수리가 대령의 계급을 나타낸다. 일반적으로 독수리는 하늘의 왕으로 여겨져 로마를 비롯한 고대 문화에서 국가의 리더십과 불멸의 상징으로 간주되었다. 이러한 배경에서 미국은 1792년 대머리독수리(실제로는 흰머리수리)를 국조(國鳥)로 선언하게 된다.

기독교 성경에서 독수리는 다른 새들과 마찬가지로 부정하게 여겨져 이스라엘 사람들의 음식으로 금지되었으나, 성경 전체적으로는 하나님의 돌봄, 강력함, 전능, 위대함을 상징한다. 날개를 펴서 덮음으로써 새끼들을 위험으로부터 보호하는 하나님의 돌보심에 비유되기도 했고(출애굽기 19장 4절), 악을 행한 이스라엘이나 다른 나라에 경고를 내릴 때 독수리의 이미지를 사용하기도 했으며(오바댜 1장 4절, 예레미야 49장 22절), 하나님의 강력함과 전지전

능함을 비롯해 주권적 통제를 독수리로 나타내기도 했다. 세상에서 가장 강한 사람도 넘어지고 또 넘어질 수 있지만, 독수리가 날개 치며 오르듯 하나님을 신뢰하는 사람에게는 이 세상이 줄 수 없는 힘을 하나님이 공급해준다는 사실을 독수리를 상징화하여 표현한 것이다(이사

그림 3-9 미국 대통령 인장

야 40장 31절, 시편 50편 15절, 이사야 55장 6~7절 등).[24]

오직 여호와를 앙망하는 자는 새 힘을 얻으리니

독수리의 날개치며 올라감 같을 것이요

달음박질하여도 곤비치 아니하겠고

걸어가도 피곤치 아니하리로다.

[But those who hope in the LORD will renew their strength.

They will soar on wings like eagles;

they will run and not grow weary,

they will walk and not be faint.]*

* 이사야 40장 31절.

3장 | 독수리

제4장

백년해로의 상징 · 원앙

수컷은 원, 암컷은 앙, 합쳐서 원앙

원앙은 암수 한 쌍이 짝을 지어 함께 다닌다고 하여 예로부터 금슬(琴瑟)이 좋은 부부, 백년해로의 상징으로 여겨진다. 평소에는 암컷과 수컷의 깃털 색이 비슷하지만, 짝짓기를 앞두고 수컷은 알록달록 화려하고 밝은 색의 깃털로 몸을 바꾸어 암컷의 마음을 사로잡으려 한다. 우리에게 익숙한 고운 빛깔의 원앙은 바로 번식기 수컷이다. 또한 동서양 원앙의 생김새도 좀 다르다. 2018년 미국 뉴욕 센트럴파크에 동양 원앙이 나타나 세간의 화제가 된 일이 있었는데,* 바로 외모 때문이다.

동글동글 귀여운 외모의 동양 원앙에 비해 서양 원앙은 인상이 강한 편이다. 아메리카 원앙은 붉은 눈 둘레, 짙은 녹색을 띤 머리 깃, 얼굴에는 흰 줄무늬가 있다. 이처럼 외모는 다르지만, 동서양

---

* 당시 BBC는 이 동양 원앙을 '록스타' 오리로 불렀으며, 뉴욕 매거진은 한 기사에서 '뉴욕 최고의 신랑감'이라는 익살맞은 별명을 붙여주기도 했다.[1]

그림 4-1 왼쪽은 동양 원앙[mandarin duck), 오른쪽은 아메리카 원앙[wood duck]이다.

어휘에서 모두 '사랑'을 상징한다.

원앙은 약 2,000년 전 중국에서 우리나라에 전해진 것으로 알려져 있다. 암수의 깃털 색이 워낙 달라서 고대 중국에서는 서로 다른 새인 줄 알고 수컷은 '원(鴛)', 암컷을 '앙(鴦)'으로 따로 이름을 붙였는데, 나중에 같은 종임을 알고 원과 앙을 합쳐 원앙이라고 부르게 된 것이다.[2] 원앙은 우리나라 옛 문헌에서도 한자 발음 그대로 원앙(鴛鴦)으로 표기되었으며, 원앙새(鴛鴦새), 인제(鄰提), 파라가(婆羅迦), 필조(匹鳥) 등으로 불리기도 한다.

4세기경 중국의 역사가 간보(干寶)가 편찬한 소설집 『수신기(搜神記)』의 '한빙 부부(韓憑夫婦)' 편에는 심성이 고약한 왕 때문에 억울하게 죽은 한빙 부부의 묘에 원앙 암수가 와서 울었다는 내용이 전해지는데(중국 편 참고), 이때부터 부부 금슬의 상징으로 원앙을 사용했고 동양 문화권에서 이런 상징을 폭넓게 받아들인 것으로 보인다.[3]

앞서 살펴본 한자 명칭 중 匹(짝 필)을 쓴 '필조'에서 알 수 있듯이, 원앙은 항상 함께 다니기 때문에 부부의 애정이 돈독하여 오래도록 화목한 것에 비유되며, 금슬 좋은 부부를 두고 '원앙 같은 부부'라고 말하기도 한다. 이러한 연유로 한국 전통 혼례식에서는 나뭇조각으로 만든 원앙 한 쌍을 놓기도 하고, 원앙을 수놓은 이부자리를 선물하기도 했다. 원앙금(鴛鴦衾)은 신혼부부가 함께 덮는 이불을, 원앙침(鴛鴦枕)은 부부가 함께 베는 베개를 나타내며, 이를 합쳐 '원앙금침'이라고 한다. 원앙금침을 사용하며 부부가 화목하게 해로하기를 바라는 뜻이 담겨 있는 것이다.

원앙이 상징하는 '부부의 사랑' '화목함'은 고전 작품 속에서도 그대로 반영되어 나타난다.

조강지처는 소박 놓지 않는 법	堂前不肯下糟妻
머리 셀 때까지 원앙처럼 사랑하며 사노라	頭白鴛鴦愛並棲
동쪽 이웃에 미녀가 없어서가 아니라	不是東隣無美色

그림 4-2 광복 초기 한 은행에서 신혼부부를 대상으로 제공한 원앙새 저금통(좌)과 부부가 함께 베는 베개인 원앙침(우)

거안제미하는 부인을 어여뻐해서지　　　　心憐擧案與眉齊*

　　위의 시에서 화자는 조강지처를 사랑하며 원앙처럼 평생 함께 살겠다는 의지를 전달하고 있는데, 특히 3, 4행이 흥미롭다. 주위에 남자의 정신을 혹하게 하는 미인이 없는 탓에 부인을 사랑하는 것이 아니라 남편을 정성껏 모시는 부인을 사랑한다고 이야기하고 있다.[4]

벽옥(璧玉)이 깨어지자 진주(珍珠) 잇따라 부서지고	璧毁珠隨隕
한 쌍의 봉황새 암컷마저 사라졌네	凰徂鳳已亡
인생이 어찌 이렇듯 허망한고	人生何草草
하늘의 뜻은 도시 알 수 없어라	神理本茫茫
홀로 남은 외로움에 더 살 생각 있었으랴	隻影魂先斷
황천에 들어간 몸 향기 여전하리라	重泉骨亦香
초씨네 집 무덤가 나무 위에서	焦家塚上樹
이제는 밤마다 원앙 되어 노래하리	夜夜叫鴛鴦**

　　위의 시에서 마지막 2행은 죽어서나마 생전에 못 누렸던 부부

---

* 『서계집(西溪集)』 권4, 「약천(藥泉)의 서신에 나를 두고 등도(登徒)에다 비긴 말이 있기에 장난삼아 4수를 짓다」.
** 『계곡선생집(谿谷先生集)』 권29, 「이씨 집 젊은 부인에 대한 만시[挽李家少婦]」.

그림 4-3 원앙유영도

간의 사랑을 나누게 되리라는 뜻인데, 아마도 고부(姑婦) 간의 관계가 원만치 못했던 것을 암시하는 표현으로 보인다. 후한 때 초중경(焦仲卿)의 처(妻) 유씨(劉氏)가 시어미의 학대에 못 이겨 집을 나간 뒤 재가(再嫁)를 하지 않고 물에 빠져 죽었는데 중경이 이 소식을 듣고 정원의 나무에 목매달아 죽었다는 고사가『악부시집(樂府詩集)』에「위초중경처작(爲焦仲卿妻作)」이라는 고시(古詩)로 전해 온다.[5]

원앙의 비유적 의미, 부부와 사랑 그리고 쌍

'원앙'은 화목한 부부를 상징하는 다양한 어휘에 사용된다. 예컨대, 원앙우(鴛鴦偶)는 원앙의 쌍이라는 뜻으로, 화목한 부부를 이르는 말이다. 또한 원앙계(鴛鴦契)는 금슬 좋은 부부 사이를 나타낸다. 또한 '짝' '쌍'의 의미를 나타내기도 한다. 원앙진(鴛鴦陣)은 원앙처럼 두 사람씩 짝을 이룬 진을, 원앙무(鴛鴦舞)는 두 사람이 원앙처럼 다정한 율동으로 추는 춤을 나타낸다.

또한 속담에서 원앙은 주로 부부를 상징하는데 '원앙이 녹수를 만났다.'는 적합한 배필을 만남을 이르는 말이다. '원앙오리 한 쌍이라'는 의좋은 원앙처럼 남녀가 부부가 됨을 비유적으로 이르는 말이며, '의좋은 원앙오리 같다.'는 사이좋기로 이름난 원앙처럼 정답고 사이좋은 부부를 이르는 말이다. 또한 '녹수 갈 제 원앙 가듯'은 둘의 관계가 밀접하여 서로 떨어지지 않음을 비유적으로 이르는 말이다. 반면 '짝 잃은 원앙'은 쓸모없고 보람 없게 된 처지를 비유적으로 이르는 말이다.

마지막으로, 사자성어 피저원앙(被底鴛鴦)은 '이불 밑의 원앙'이라는 뜻으로, 이불 속의 남녀를 비유하여 이르는 말이다. 하화원앙(荷花鴛鴦)은 '연꽃 속의 원앙'이라는 뜻으로, 부부 금슬이 좋은 것을 연꽃 아래 노니는 원앙으로 비유한 표현이다.

위안양[鴛鴦]의 별명은 '짝을 이룬 새' 피냐오[匹鳥]

중국어로 원앙은 '위안양[鴛鴦]'이라고 하는데, 원(鴛)과 앙(鴦)은 각각 수컷과 암컷을 지칭한다. 원앙을 가리키는 또 다른 말로 '피냐오[匹鳥]'가 있다. 匹(짝 필)은 쌍이나 짝을 이룬다는 의미를 가진 한자이므로 '피냐오[匹鳥]'는 '짝을 이룬 새'가 된다.

중국어에서는 사람뿐 아니라 사물 두 개가 한 쌍을 이루는 대상에 '원앙'이라는 표현이 자주 활용된다. 일례로 『삼국연의(三國演義)』에서 유비가 사용한 보검은 좌우 두 개의 검이 한 쌍이었는데, 이를 원앙검(鴛鴦劍)이라 했다. 또 훠궈[火鍋: 중국식 샤브샤브]

그림 4-4 원앙과

를 먹을 때, 맑은 백탕과 매운맛의 홍탕이 반반씩 나뉘어 담기는 냄비를 '원앙과(鴛鴦鍋)'라고 부른다.

원앙을 사람에 비유할 때는 일반적으로 한 쌍의 부부, 서로 사랑하는 남녀를 의미한다. 「금가이수(琴歌二首)」는 중국 서한(西漢)의 한학자인 사마상여(司馬相如)가 거문고를 타며 탁문군(卓文君)에게 사랑을 읊은 노래다. 그 가운데 원앙을 비유적으로 사용한 구절이 나타난다.

아름다운 여인이 규방에 계시나,	有艷淑女在閨房
방은 가까워도 사람은 멀어 애간장 태우네.	室邇人遐毒我腸
어떤 인연이 그대와 한 쌍의 원앙이 되어	何緣交頸為鴛鴦
함께 날아오를 수 있을까.	胡頡頏兮共翱翔

또한 당나라 시인 노조린(盧照隣)이 쓴 「장안고의(長安古意)」에서도 "원앙이라도 된다면 신선이 부럽지 않겠네[願做鴛鴦不羨仙]."와 같이 원앙을 통해 애정을 표현하는 구절이 보인다.

이 밖에도 사자성어에서 원앙을 찾아볼 수 있는데, '양처우평뤼[鴛儔鳳侶]'라는 표현은 '원앙과 봉황의 짝' '반려자'라는 의미로, 원앙이나 봉황과 같이 짝을 이루어 사랑하는 모습을 형상화한 말이다. 또 '방다위안양[棒打鴛鴦]'은 직역하면 '몽둥이로 원앙을 때리다.'로, 제삼자가 억지로 부부나 연인 사이를 갈라놓는 것을 의미한다. 이처럼 원앙은 대부분의 표현에서 사랑하는 한 쌍의 부부나 연인으로 대변되고 있다.

또 하나의 재미있는 표현은 '다야징위안[打鴨驚鴛]'인데, '오리를 잡으려다 원앙을 놀라게 하다.'로 직역되는데, '나쁜 놈을 잡으려다 착한 사람까지 놀라게 하다.'라는 의미가 된다. 여기에서 원앙은 사람들에게 오리보다 가치 있는 대상으로 인식되고 있음을 알 수 있다.

상사수(相思樹)와 원앙이 전하는 한빙 부부의 애틋한 사랑

원앙이 부부의 금슬을 상징하게 된 데는 중국 민간에 전하는 한빙 부부(韓憑夫婦)의 이야기가 한몫했다.

송나라 강왕(康王)의 측근 가운데 한빙(韓憑)이라는 자가 있었는데 그의 부인은 미모가 빼어났다. 한빙 부부는 정이 깊었지만 강왕은 강제로 아내를 빼앗고 한빙이 이를 원망하자 그를 감옥에 넣어버렸다. 그의 아내가 감옥에 있는 한빙에게 몰래 편지를 썼다.

비가 많이 내려, 강이 불어나고 물은 깊어졌는데, 해가 뜨면 마음을 먹을 것입니다.

[其雨淫淫, 河大水深, 日出當心.]

이 편지는 강왕의 손에 들어가게 되지만 의미를 알 수 없었는데 소하(蘇賀)라는 신하가 "비가 많이 내린다는 것은 근심하고 그리워한다는 말이고, 강이 불어나 물이 깊어졌다는 것은 왕래하지 못함을 말하고, 해가 뜨면 마음을 먹으리라는 것은 죽을 결심을 하고 있다는 말입니다."라고 풀이했다.

얼마 지나 강왕과 함께 누대에 올라 경치를 구경하던 한빙의 아내가 갑자기 몸을 던져 왕의 손에 옷자락만 남긴 채 죽고 말았다. 그녀는 "왕은 사는 것을 이롭게 여기지만, 첩은 죽는 것을 이롭게 여깁니다. 은혜를 베풀어 제 시신을 한빙과 합장하여 주시기를 바랍니다."라는 유서를 남겼다.

왕은 화가 나서 그 시체를 묻되 한빙과 마주 보는 자리에 묘를 만들었다. 그러고는 "너희의 사랑은 맺어질 수가 없다. 만일 묘가 합해진다면 나도 막지는 않겠다."라고 말했다. 그런데 하룻밤 사이에 아주 커다란 나무가 두 묘 끝에서 자라나더니 열흘 만에 우거지고, 몸체가 서로를 향해 굽더니 뿌리가 서로 엉키고 위에서는 나뭇가지들이 자라났다. 또 원앙 한 쌍이 나무 위에 집을 짓고, 아침저녁으로 그 자리에서 구슬피 울었다. 듣는 사람들은 매우 슬퍼했고, 원앙이 한빙 부부의 영혼이라고 여겼으며, 그 나무를 상사수(相思樹)라고 불렀다. 서로 그리워함을 일컫는 '상사(相思)'라는 말은 여기서 유래했다.

중국민간예술가협회(中國民間文藝家協會)에서는 한빙 부부가 살았던 지역으로 전하는 허난성 펑추현[河南省封丘縣]을 '중국 상사

그림 4-5 허난성 펑추현에 있는 한빙 부부 관련 유적

문화의 고향[中國相思文化之鄕]'으로 지정하고, '가장 아름다운 사랑 문화 축제[最美愛情文化節]'를 매년 개최한다.

서로 사랑하는 새, 오시도리(おしどり)

일본에서는 원앙을 부르는 이름이 두 가지인데, 하나는 '엔오우(えんおう)'이고 다른 하나는 '오시도리(おしどり)'다. '엔오우'는 원앙(鴛鴦)을 음독한 것이므로, 보다 오래된 일본 전래의 명칭은 '오시도리'로 추정된다.*

위키백과의 해당 내용을 살펴보면 다음과 같다.

일본 명칭인 '오시(おし)'는 '암컷과 수컷이 서로 사랑함'에서 유래한다고 생각된다. 한자 표기는 '원(鴛)'은 수컷, '앙(鴦)'은 암컷을 지칭한다. 암수 사이가 좋다고 여겨져, 원앙을 사용해 부부 사이가 좋은 것을 가리키는 구절로는 '원앙계(鴛鴦契)'와 '원앙우(鴛鴦偶)'가 있다.[6]

'도리(どり)'는 새[鳥]를 뜻하는 말이므로 '오시(おし)'의 의미가 궁금해진다. 위 인용문에서는 '암컷과 수컷이 서로 사랑함'에서 유래한다고 보았는데, 그 구체적인 근거를 들지는 않았기에 미진한 감이 있다. 그런데 일본의 역사서인 『니혼쇼키』에 관련 내용이 있다고 보는 다음의 자료가 눈길을 끈다.

산천에 원앙새가 암수 떨어지지 않고 둘이 나란히 서 있는 것처럼, 나와 부부 사이좋게 지내던 원앙을 매정하게 누가 대체 끌고 갔을까.

[山川に鴛志(をし)ふたつ居て偶(たぐひ)よく偶(たぐ)へへる妹を誰か率(ゐ)にけむ.]

'오시(をし)'의 어원으로서 『새 이름 유래사전[(鳥名の)由來辭典]』에서는 『다이겐카이[大言海]』의 '雌雄相愛(を)し' 때문이라는 설을 소개하고 있

* 위키백과에서도 아베 나오야[安部直哉]의 『야마타니 나마에 즈칸 노도리노 나마에[山溪名前図鑑野鳥の名前]』(2008)라는 책을 근거로 삼아, '오시도리(おしどり)'의 '오시(おし)'를 일본 고유어로 보았다.

그림 4-6 서로 사랑하는 새, 오시도리

습니다. 즉 이미 をし 자체가 암수 사이의 좋은 관계를 표현하고 있다는 것입니다. 위『니혼쇼키』의 노래도 한 쌍의 사이좋은 모습을 노래하고 있습니다.[7]

그런데 다른 자료에는 "古語[相愛し(あいおし)]가 由來다."[8]라고 나오니, '오시(をし)'가 일본어 고어(古語)로 愛し를 をし라고 한 데 서 기인한 것이라는 설이 타당하다고 생각된다.* 그렇게 본다면 '오 시도리(おしどり)'는 愛し鳥, 즉 '(서로) 사랑하는 새'가 된다.

---

* 'をし'에 惜(아낄 석), 愛(애틋할 애)의 의미가 있다는 것은 『時代別 國語大辭典』(三省 堂, 1992, 833쪽)을 통해서도 확인할 수 있다.

오시도리 부부는 오시도리 텐킨으로 함께하도록

원앙과 관련하여 일본에서 사용되는 용어로 '오시도리 후후(お
しどりふうふ)'가 있다. 이를 직역하면 '원앙 부부'인데 한국에서 말
하는 '잉꼬부부'와 의미가 일치하며,[9] 이를 통해 한국과 중국, 일본
모두 원앙을 금슬이 좋은 부부의 상징으로 여기고 있음을 확인할
수 있다.

한편 일본에는 '오시도리 텐킨[鴛鴦転勤]'이라는 말도 있는데, 우
리말로 풀이하면 '원앙 전근'이 된다. 그 의미는 '사내결혼을 한 부
부가 같이 생활할 수 있도록 함께 전근시키는 일'이라고 한다.[10] 일
본의 후생노동성 홈페이지에도 '오시도리 전근 제도[おしどり転勤
制度]'라는 항목이 있는 것으로 볼 때,[11] '오시도리 텐킨'은 일본에
서 널리 사용되는 말인 듯하다.

직장 때문에 남편과 아내가 떨어져서 사는 경우가 있는데, 이
문제를 해소하기 위해 부부를 함께 살게 하는 제도는 우리나라를
포함하여 전 세계적으로 존재할 것이다. 그런데 그 제도의 명칭에
'오시도리', 즉 원앙을 사용하고 있다는 점이 흥미롭다. '오시도리
텐킨'은 원앙의 금슬을 떠올리게 하는 제법 괜찮은 조어(造語)라
는 생각이 든다.

중국의 오렌지색 오리, mandarin duck

원앙의 영어 표현은 만다린 덕(mandarin duck, *Aix galericulata*)
이다. 영어 mandarin과 duck의 합성어로, 『옥스퍼드영어사전』에서
는 18세기 후반 『브리태니커백과사전』의 용례가 가장 이르다고 설
명했는데,[12] 그 내용은 다음과 같다. "원앙, 즉 에드워즈의 중국 청
둥오리는 깃털이 있다. …… 중국 내 영국인들은 그것을 mandarin
duck이라고 부른다[The *galericulata*, or Chinese teal of Edwards,
has a hanging crest [etc.] …… The English in China give it the name of
mandarin duck]."[13] 원앙에 대해 전문적으로 기술한 단행본인 『원앙
[*The Mandarin Duck*]』에 따르면, mandarin duck[원앙]은 1745년 바
로 직전 영국에 처음으로 소개되었다고 한다.[14]

mandarin은 mandarin duck[원앙]의 축약형일 뿐만 아니라
mandarin porcelain[만자滿瓷]
의 축약형이기도 하다. 만자는
만다린 도자기를 가리키는데,
18세기 후반에 중국에서 수출
을 위해 생산한 도자기를 의미
한다. 주로 금색, 붉은색, 장미
색으로 칠해져 있고 도자기의
특징이라 할 수 있는 파랑색 밑
그림 테두리가 칠해진 장식 패

그림 4-7 청나라에서 제작된 만다린 도자기

그림 4-8 『원앙[The Mandarin Duck]』의 표지 그림

널에 등장하는 관복(官服)을 입은 인물들 때문에 '만다린'이라 불린다. 1800년 이후 영국 도예가들은 만다린 도자기를 자주 모방했다.*

mandarin duck, mandarin porcelain에서 짐작할 수 있듯이, mandarin은 중국과 관련이 있다. mandarin은 구 중국 황실의 고위 공무원, 고관, 귤 혹은 귤색을 의미하는데, 첫 번째 알파벳을

---

* "Mandarin porcelain, ware produced in China for export in the late 18th century. It is called Mandarin because of the groups of figures in mandarin dress that appear in the decorative panels—painted mainly in gold, red, and rose pink and framed in underglaze blue—that characterize the ware. After 1800, Mandarin porcelain was often copied by English potters."[15]

대문자로 쓴 Mandarin은 표준 중국어를 의미하기도 한다. 이렇듯 mandarin이 폭넓은 의미를 갖게 된 이유는 mandarin의 의미 및 문화적 배경과 관련이 있다. 다시 말하면, 중국의 관료들은 관복을 입고 장신구나 배지가 부착된 관모(官帽)를 썼는데, 이 관복과 관모로써 관료의 등급을 구분했다. 그리고 관료나 지식인이 일반적으로 사용하던 중국어를 관화(官話)라고 했는데, 관화는 이후 표준 중국어의 기초가 되었다. 서양의 오렌지와 비슷하되 작고 납작하며 과육이 잘 분리되고 껍질이 잘 까지는 중국 귤을 mandarin이라 명명했는데, 귤의 색상 또한 mandarin이라 불렀다. 귤 및 귤색을 mandarin orange라고도 부른다.

시기를 거슬러 올라가면 mandarin은 외부에서 차용된 단어다. 즉, mandarin의 어원은 포르투갈어 *mandarim*[또는 *mandarin*, 1514년]이며, 말레이어 *menteri* 혹은 원형인 산스크리트어 *mantrī*에서 유래했다. 말레이시아 및 인도네시아에서는 국무장관을 의미하며[Mentri], 남아시아 및 동남아시아에서는 공무원을 의미한다. 즉, 구 말레이 주에서는 목사 또는 지역 족장을 의미했고, 인도네시아(구 네덜란드령 동인도 포함)에서는 일부 권한을 부여받은 하급 공무원을 의미했다[mantri]. 이러한 배경에서 여러 가지 중국 관련 단어들을 영어 mandarin 및 합성어로 번역한 것이다.

mandarin은 1500년대에는 mandeline 혹은 mandorijn로, 1600년대에는 mandareene, mandarim, mandaryn로, 1600년대부터 1700년대까지는 mandorin로, 1600년대부터 1800년대까지

는 mandarine으로, 1600년대 이후로는 mandarin으로, 1700년대
에는 mandareen, mandereen 등의 형태로 쓰였다.

사랑꾼 lovebird

원앙[mandarin duck, *Aix galericulata*]은 기러기목[*Anseriformes*],
오릿과[*Anatidae*], 원앙속[*Aix*]에 속한다. *Aix*는 아리스토텔레스
가 미상(未詳)의 잠수하는 새를 지칭했던 고대 그리스 단어이고,
*galericulata*는 *galerum*[모자 또는 보닛]에서 파생한, 가발을 뜻하는
라틴어이다.[16]

동아시아에서 사랑과 정절의 상징인 원앙은 비유적으로 사랑새
[lovebird, 모란앵무]로도 불린다. lovebird는 본래 깃털이 녹색이고
작고 짧은 꼬리가 여러 개 달린 앵무새속[*Agapornis*]의 아프리카
앵무새인데, 한 쌍이 보여주는 애정으로 인해 원앙[mandarin duck]
도 lovebird라고도 불리게 된 것이다.

제 5 장

백조가 되지 못하지만 장원급제의 상징 · 오리

구원의 새, 오리

오리는 한국의 대표적인 물새이자 철새인데, 도심인 서울 한강 지류에서도 만날 수 있을 만큼 친숙한 조류다. 오리는 크게 야생 오리와 집오리로 나뉘며, 그에 따라 종류도, 생김새도 가지각색이다. 앞서 살펴본 원앙 또한 야생 오리의 일종이며, 일반적으로

그림 5-1 집오리와 야생 오리
ⓒ 조성덕

우리가 '오리' 하면 떠올리는 뽀얀 깃털에 노란 부리와 발을 가진 오리는 집오리의 일종이다. 우리나라에 볼 수 있는 야생 오리는 '청둥오리'가 있다.

오리는 예로부터 한국 솟대신앙에서 지상과 천상계를 연결하는 성체(聖體)로서의 종교적 상징성을 지니기도 하며, 알을 많이 낳는 특성으로 인해 다산의 상징으로 꼽히기도 한다. 또한, 시베리아 북서부에 거주하는 사모예드족은 오리가 재채기를 할 때에는 비가 온다고 믿었으며, 야쿠트족도 오리가 비와 천둥의 지배자라고 생각했다.[1]

최근에는 귀여운 이미지로 사랑받고 있으며, 디즈니 시리즈 〈도널드 덕〉, 안데르센 동화 「미운 오리 새끼」에서는 하얀 집오리가, 한국 동화 「마당을 나온 암탉」에서는 청둥오리가 등장한다. 이처럼 오리는 동화 및 애니메이션 소재로 등장하며 친근한 느낌을 더한다.

현대 국어 '오리'의 옛말인 '올히'는 15세기 문헌에서부터 등장한다. 18세기에 어중의 ㅎ이 탈락한 '올이, 오리' 형태가 나타나, 이후 '오리'로 굳어져 오늘날에 이르렀다.[2] 동시에 한자로는 압(鴨)이라 했는데, 압(鴨)은 집오리, 부(鳧)는 물오리로 구분하기도 했다.*

---

* "저물녘에 시끄럽게 풍악 소리 울리니[晚來喧鼓笛] / 두세 마리 오리가 놀라 날아가네[驚起兩三鳧]"(『대곡집(大谷集)』 권上 「남강을 유람하며[遊南江]」)에서도 鳧라는 표기를 찾을 수 있다.

압은 서부(舒鳧)·가부(家鳧)·필(鴄)·목(鶩)이라고도 했고, 부는 야압(野鴨)·야목(野鶩)·침부(沈鳧)라고도 했다. 19세기 학자 이규경(李圭景, 1788~1856)이 백과사전 형식으로 쓴 『오주연문장전산고(五洲衍文長箋散稿)』에 따르면 신라와 고려에도 오리가 있었고 일본에는 3세기에 오리가 전래된 것 같다고 하니, 우리 조상들은 이보다 훨씬 전부터 오리를 기르기 시작했을 것이다.[3] 한편, 지역에 따라 올개이, 올기, 외리, 올랭이 등으로 불리며, 특히 제주 지역에서는 여전히 옛말인 '올히'로 불리기도 한다.

한국 문화에서 오리는 종교적 상징성을 갖고 있다.[*] 땅과 하늘에서 살아가는 다른 조류와 달리, 오리는 땅과 하늘뿐 아니라 물에서도 살 수 있다. 특히 잠수의 능력을 가진 전형적인 물새이기 때문에 천상계를 연결하는 것은 물론 지하세계와 교통할 수 있는 메신저이기도 하고, 마을을 홍수나 재해로부터 구원할 수 있는 능력의 새다. 이와 관련해, 삼국시대 유물인 오리 모양의 토기를 통해 영혼을 하늘로 인도해주기를 바라는 특수한 부장품으로 제작되어 사용되었음을 알 수 있다.[4]

또한 고려시대 이규보(李奎報, 1168~1241)의 『동국이상국집(東國李相國集)』「동명왕편」[**]에는 다음과 같은 기록이 있다.

---

[*] 오리의 상징성에 관해서는 다음을 요약, 정리, 인용했다. 김중순, 「한국문화원류의 해명을 위한 문화적 기호로서 '새'의 상징」, 『한국학논집』 56: 227, 계명대학교 한국학연구원, 2014.
[**] 『동국이상국전집(東國李相國全集)』 권3 고율시(古律詩).

그림 5-2 오리토기

그 사슴이 슬피 울어 소리가 하늘에 사무치니 장맛비가 이레를 퍼부어 송양의 도읍을 표몰시켰다. 송양왕이 갈대 밧줄로 흐르는 물을 횡단하고 오리말을 타고 백성들은 모두 그 밧줄을 잡아당겼다. 주몽이 채찍으로 물을 긋자 물이 곧 줄어들었다. 6월에 송양이 나라를 들어 항복하였다 한다.

[其鹿哀鳴. 聲徹于天. 霖雨七日. 漂沒松讓都. 王以葦索橫流. 乘鴨馬. 百姓皆執其索. 朱蒙以鞭畫水. 水卽減. 六月.]5

홍수 속에서 왕은 백성들을 구원하기 위해 오리말[鴨馬]과 갈대 밧줄을 사용했다는 것이다. 오리말은 홍수 속에서도 능히 살아남게 할 수 있는 불사(不死)의 신조(神鳥)이면서, 먼 거리를 빨리 달릴 뿐 아니라 심지어는 날개가 있어 천상을 오가는 메신저 역할까지 하는 신마(神馬)이기도 한 셈이다. 결국 오리의 잠수 능력은 천상과 지하계의 연결이라는 중요한 종교적 의미가 있다.

오리는 현령(縣令)의 비유로도 쓰였다. 후한 때 하동(河東) 사람인 왕교(王喬)가 섭현(葉縣)의 영(令)이 되었는데, 신술(神術)이 있어서 매달 삭망(朔望)에 대궐에 나와 조회에 참석했다. 황제가 왕교가 자주 오는데도 수레가 보이지 않는 것을 괴이하게 여겨 태사(太史)로 하여금 몰래 엿보게 했다. 그러자 태사가 그가 올 때에는 두 마리의 오리가 동남쪽에서 날아온다고 보고했다. 이에 오리가 오는 것을 보고 그물을 펴서 잡으니, 옛날 왕교가 상서성(尙書省)에 있을 적에 하사받은 신발 한 짝만 남아 있었다고 한다. 이 전설에서 유래해,* 한국 문학 작품 속에서도 오리는 현령을 가리키는 상투적인 표현으로 자주 쓰였다. 예를 들면 다음과 같다.

말 듣건대 안음현의 고을에 있는	聞說安陰縣
운산 모습 마치 그림 같다고 하네	雲山似畫圖
사군 본디 뜻 오연한 관리였는데	使君元傲吏
다시 경치 좋은 고을 수령 되었네	出守復名區
조령 밖의 천리나 먼 구석진 데고	嶺外窮千里
호남 땅과 한 모퉁이 접한 곳이네	湖南接一隅
신선 경치 함께 감상할 길 없으매	無由共仙賞

---

* 『후한서(後漢書)』 권82(上) 「방술렬전(方術列傳)」 '왕교(王喬)'.6

고개 돌려 쌍오리가 나는 걸 보네 　　　　　回首望雙鳧*

　위 시에서 오리는 경치 좋은 고을의 수령 자리를 비유하고 있는
데, 여기서는 윤순거(尹舜擧)가 경치 좋은 안음 고을의 수령으로
가기 때문에 오리의 비유를 끌어다가 쓴 것이다.[7]

물고기며 벼 곡식이 풍성한 해변 고을 　　　海縣饒魚稻
옛날 도읍(都邑)과도 얼마 떨어져 있지 않네 　風煙近故都
푸른 봄날 치달리는 다섯 말 수레 　　　　　青春馳五馬
밝은 대낮 두 마리 청둥오리 보겠도다 　　　白日看雙鳧**

　중국 한나라 때 지방의 군(郡)***을 다스리던 관직인 태수(太守)
는 다섯 말이 끄는 수레를 탔는데, 조선 역시 행정구역 단위인 군
(郡)의 수장인 경우에는 이를 적용한 것으로 보인다. "푸른 봄날"
은 동시에 수령이 연소한 나이의 인물임을 은유적으로 나타낸다.

---

* 『동명집(東溟集)』 권4 「안음의 수령으로 가는 윤효직 순거를 전송하다[送尹安陰孝
直 舜擧]」.
** 『계곡선생집(谿谷先生集)』 권27 「배천 수령으로 부임하는 김군을 보내며[送金白川
之任]」.
*** 중국은 진나라 때부터 지방 행정 제도인 군현제를 시행했다. 처음에는 군과 현
의 위계가 같았으나, 점차 군은 변경 지역의 비교적 넓은 지역을 관할하고, 현은 그
안에 몇 개씩 세워지게 되었다. 즉, 군 아래에 현을 두는 체계인 것이다. 한반도에서
도 삼국시대부터 중국과 교류하면서 군현제를 도입했다.

그림 5-3 심사정(沈師正)의
〈연지유압도(蓮池遊鴨圖)〉

위 시의 청둥오리 또한 앞서 언급한 왕교의 고사를 인용한 것으로, 고을 수령의 행차를 가리킨다.[8]

오리, 장원급제의 상징

오리는 문학 작품뿐만 아니라 회화의 소재로도 자주 등장했는데, 주로 가정의 화합과 부부 금슬을 의미했다. 그런데 오리와 연꽃을 함께 그린 '연지유압도(蓮池遊鴨圖)'는 장원급제를 기원하는 의미를 담고 있다.

오리를 나타내는 한자 鴨(압)은 형성자로, 의미부인 鳥(새 조)와 소리부인 甲(갑옷 갑)으로 이루어졌다. 조선시대 과거 시험은 합격자를 성적에 따라 갑과(甲科), 을과(乙科), 병과(丙科)로 나누었는데, 갑과 1등 합격을 장원급제라 한다. 즉, 甲은 으뜸을 의미하는 동시에 장원급제를 뜻하고, '연지유압도'에서 나타낸 두 마리 오리[二甲]는 향시(鄕試)와 전시(殿試) 두 시험에서 모두 장원급제함을 의미한 것이다. 또한 그림에서 연밥은 연꽃의 열매를 뜻하는 것으로, 달리 '연과(蓮顆)'라고 하여 연달아 합격함을 뜻하는 연과(連科)와 발음이 같다. 그래서 연꽃에 오리 두 마리를 합하면 '연과이갑(連科二甲)', 즉 연속해서 두 시험에서 장원급제한다는 뜻이 되니, 과거 시험을 앞둔 선비에게 최고의 선물이었을 것이다.

현대 한국어에서는 오리가 사람의 행동, 외모와 관련해 비유적으로 활용된다.* 예컨대, '오리걸음'은 오리가 뒤뚱뒤뚱 걷는 것처럼 쭈그리고 앉아 걷는 걸음을 말하며, '오리엉덩이'는 오리처럼 통통하고 볼록 튀어나온 엉덩이를 의미한다. 또한 돌출된 입술은 '오리주둥이'라고 한다. 또한 관용 표현 중에서 '십 리 반찬'은 거리를 뜻하는 오 리(5리)가 새 오리와 동음인 데서 오리 두 마리로 만든 반찬을 의미해, 좋은 반찬을 비유한다.

귀여운 외모로 많은 사랑을 받는 것과 달리, 속담 표현에서 오리는 부정적인 또는 중립적인 의미로 쓰인다. 예컨대, '닭 잡아먹고 오리발 내밀기'는 옳지 못한 일을 저질러놓고 엉뚱한 수작으로 속여 넘기려는 태도를 비유적으로 이르는 말로, 간략하게 '오리발'이라고 표현하여 부정적 의미로 쓰인다. '오리 새끼는 길러놓으면 물로 가고 꿩 새끼는 산으로 간다.'는 자식은 다 크면 제 갈 길을 택해 부모 곁을 떠난다는 말로, 저마다 타고난 바탕대로 행동함을 뜻하는 중립적 의미다. '오리 알에 제 똥 묻은 격'은 제 본색에 과

---

* 이하의 내용은 우리말샘을 바탕으로 정리한 것이다.

5장 | 오리

히 어긋나지 않아 별로 드러나 보이지 않고 그저 수수하다는 말로, 역시 중립적이다. '새 오리 장가가면 헌 오리 나도 한다.'는 새 오리가 장가가면 헌 오리가 나도 장가가겠다고 나선다는 뜻으로, 남이 하는 대로 무턱대고 자기도 하겠다고 따라나서는 주책없는 행동을 부정적으로 이르는 말이다.

주안수이야[鑽水鴨]와 첸수이야[潛水鴨]

중국어로 오리는 '야[鴨]'라고 하는데, 글자 가운데 鳥(새 조)가 의미를 나타내고, 甲(첫째 천간 갑)은 발음(소리)을 나타낸다. 중국어에서 오리의 울음소리 '꽥꽥'을 '가가[呷呷 또는 嘎嘎]'로 표기하는 것과도 유사하다. 이 밖에도 오리가 갑옷처럼 딱딱하고 납작한 입을 가졌다[9]는 점에서 甲(갑옷 갑)으로 해석하기도 했다.

오리의 명칭은 생태에 따라서 달리 붙었다. 연못이나 호수 가장자리와 같이 얕은 물에서 헤엄치며 서식하는 수면성 오리류는 '주안수이야[鑽水鴨]'라고 하는데, '주안[鑽]'은 '들어가다'를 뜻한다. 또 연못이나 호수의 밑바닥까지 잠수하여 먹이를 구하는 잠수성 오리류는 '첸수이[潛水]', 즉 '잠수'라는 단어를 붙여 '첸수이야[潛水鴨]'라고 부른다.

오리와 관련된 어휘에서 오리는 대체로 천시되거나 부정적인 이미지로 나타나는 경우가 많다. '간야즈상자[趕鴨子上架]'를 직역하면 '오리를 몰아서 선반에 올리다.'인데, '할 수 없는 일을 남에게

강요하다.' '등을 떠밀다.'라는 의미다. 또 민남(閩南) 방언*에 '야즈팅레이[鴨子聽雷]'라는 표현이 있는데, 직역하면 '오리가 천둥(소리)을 듣는다.'로, 이는 '알아듣지 못한다.'라는 의미다.

이외에도 재미있는 표현으로 '톈야스자오쉐[塡鴨式教學]'가 있다. 여기에서 '톈야[塡鴨]'는 오리를 '강제 비육'**하는 것을 뜻한다. 따라서 '톈야스자오쉐'는 '(오리) 강제 비육식 교학(교육)', 즉 주입식 교육으로 풀이할 수 있다. 또 수영을 못 하는 사람을 '맥주병'에 비유하는데, 중국어로는 '한야즈[旱鴨子]'라고 한다. '한[旱]'은 육지(뭍)를 뜻하며, '한야즈'는 육지에서 사육되어 물에 들어가지 않는 오리를 가리키는 말로, 수영을 못 하는 사람을 비유한다.

베이징카오야 vs 난징반야, 중국을 대표하는 오리 요리

중국에서 북방과 남방을 대표하는 오리 요리를 가리켜 '베이카오야난반야[北烤鴨南板鴨]'라고 한다. 여기에서 '베이[北]'는 '베이징[北京]'을 '난[南]'은 '난징[南京]'을 뜻하고, '카오야[烤鴨]'는 오리구이, '반야[板鴨]'는 오리를 소금에 절였다가 납작하게 눌러서 건조시킨 것을 말한다. 건조된 오리의 형태가 마치 널빤지와 같아서

---

* 푸젠성[福建省], 광둥성[廣東省], 타이완[臺灣] 등 지역에서 쓰이는 방언.[10]
** 다 자란 큰 가축을 짧은 기간에 집중적으로 먹이고 운동을 제한하여 살찌우는 방법.[11]

그림 5-4 베이징카오야(좌)와 난징반야(우)

板(널빤지 판)을 붙여 이름을 지은 것이다.

이외에도 통오리의 등 쪽에 칼집을 낸 후 찹쌀과 각종 재료를 넣어서 만드는 '쑤저우바바오야[蘇州八寶鴨]', 닭볶음탕과 유사한 '취안저우장무야[泉州姜母鴨]' 등 지역마다 다양한 오리 요리가 있다.

가모메(かもめ)와 헷갈리는 가모(かも)

일본에서는 오리를 '가모(かも)'라고 부르고, 한자로는 鴨(오리 압)으로 표기한다.[12]

'가모(かも)'라고 하면, 영화 〈카모메 식당〉의 '카모메'인가 하는 의문이 들기도 한다. 그런데 '가모메(かもめ)'는 鷗(갈매기 구), 즉 갈매기를 가리키며, 오리를 뜻하는 '가모(かも)'와는 다르다. '가모(か

も)'의 어원에는 여러 설이 있는데, 그 내용은 다음과 같다.

'가모(かも)'의 어원에는 '우카부도리(浮ぶ鳥)'나 '우카무도리(浮む鳥)'의 약칭인 '가모도리(かもどり)'가 간략화되어 '가모(かも)'가 되었다는 설, 물 위에서 물갈퀴질을 하는 것에서 '가키모가쿠(かきもがく)'를 간략화해서 '가모(かも)'가 되었다는 설, (오리가) 시끄럽게 우는 데에서 '야카마시이 (やかましい: 시끄럽다)' '가모비스시이(かまびすしい: 떠들썩하다)'의 '가마(か ま, 囂)'가 변화되어 '가모(かも)'가 되었다는 설 등 여러 설이 있지만, 확 정된 것은 없다. 지방에 따라서는 오리를 '가모메'라고 부르고 갈매기를 '가모'라고 부르는 곳도 있다.[13]

위의 설명과 같이 '가모(かも)'의 어원에는 '물에 뜨는 새'라는 의미인 '우카부도리(浮ぶ鳥)' '우카무도리(浮む鳥)'에서 왔다는 설 과 오리가 물질한다는 의미인 '가키모가쿠(搔きもがく: 마구 바둥거 리다)가 간략화된 것이라는 설이 있다. 아울러 그 시끄러운 울음 소리를 뜻하는 형용사들에서 유래했다는 설도 보인다.

이러한 설들을 종합해보면, 오리가 가진 특성에서 기인한 것이 라고 정리해볼 수 있다. 즉 물 위를 떠다니는 것, 물질하는 모습, 오 리 특유의 울음소리가 그것이다. 인용문에서 언급된 바와 같이 지 방에 따라서는 오리를 '가모메'라고 부르고 갈매기를 '가모'라고 부르는 곳도 있다고 하는데, 둘 다 물가에 사는 새여서인지 일본인 들 역시 갈매기와 오리를 혼동해서 부른 듯하다. 한편 일본에서도 조류를 식용의 대상으로 삼았는데, 닭을 포함해 들새인 기러기, 오리, 비둘기 및 꿩 등을 먹었다고 한다. 그리고 이 새들은 주로 구이의 형태로 취식한 것으로 보인다.[14]

오리와 관련된 일본어 표현으로는 우선 '가모니 스루(かもにする)'가 있다. 우리말로는 '봉으로 삼다.' 혹은 '호구로 삼다.'라는 의미라고 한다. 우리말로 '호구'에 해당하는 '봉'은 봉황의 鳳인데,[15] 일본에서는 오리가 그에 해당한다는 것이 흥미롭다. '가모니 스루'가 어리석은 대상을 의미하는 이유는, 오리가 일몰과 동시에 먹이를 먹으러 날아왔다가 새벽이면 낮에 있던 제자리로 돌아간다는 오리의 습성을 이용하면 새벽에 오리 떼를 쉽게 잡을 수 있기 때문이라고 한다.[16] 저녁이 되면 어딘가로 멀리 떠나지만 새벽이면 같은 곳으로 모여들기에, 마음만 먹으면 그 장소에서 기다려 쉽게 잡을 수 있다는 뜻으로 이해된다.

다음으로 '가모노 하기(かものはぎ, 鴨の脛)'라는 용어가 있다. 脛은 '정강이 경'인데, '가모노 하기'는 '鴨의 脛', 즉 오리의 정강이를 뜻한다. 이 말은 어떤 것이 상상 이상으로 짧은 경우에 사용되는데, '오리의 정강이처럼 짧네요[まるで鴨の脛のような短さです].' 같은 표현으로 쓰인다고 한다.[17] 또한 '가모가 네기오 숏테쿠루(かもがねぎをしょってくる, 鴨がねぎをしょって来る).'라는 말이 있다. 직역하면 '오리가 파를 등에 지고 온다.'로, 이 말은 누군가 오리 요리를 하려는데 요리 재료인 오리에 파가 딸려 온다는 의미다. 오리가 직접 파까지 메고 오면 바로 요리할 수 있어서 매우 편할 것이다. 이 말은 어

떠한 이익을 보고 나서 그에 더해 추가적인 이득을 얻게 되었을 때 사용되는데, 다만 이 말을 직접 상대에게 사용하는 것은 예의에 어긋난다고 한다.[18]

오리 이야기와 『만요슈』의 노래

일본에는 오리와 관련된 이야기로 「오리의 우정[かもの友情]」이라는 동화가 있다. 저자는 무쿠 하토주[椋鳩十, 1905~1987]라는 작가인데, 일본의 소설가이자 아동문학가라고 한다. 그의 연보에 따르면 본명은 구보타 히코호[久保田彦穂]인데,[19] 필명에 鳩(비둘기 구)를 넣은 것으로 보아 동물을 매우 사랑했던 것으로 짐작된다. 실제 그의 작품들 가운데에는 동물을 소재로 한 것들이 다수 있다. 「오리의 우정」은 가을에 먼 북쪽 나라에서 일본으로 오리들이 건너오는데, 그 한 마리가 한쪽 날개를 총에 맞지만 동료 오리가 다친 오리의 몸을 받쳐 안전한 장소로 옮긴다는 내용이다.[20] 그가 동물을 주인공으로 아동소설을 쓴 동기는 인간의 생명을 존중하지 않았던 일본의 군국주의 시대에 생명과 평화의 소중함과 그 가치를 알리는 데에 있었다고 한다.[21] 「오리의 우정」 역시 이러한 맥락에서 쓰인 작품이라고 생각된다.

한편, 강변을 거닐면 들을 수 있듯이 오리는 꽥꽥거리는 그 특유의 울음소리가 인상적이다. 이러한 까닭 때문인지 일본을 대표하는 고대의 시집인 『만요슈[萬葉集]』에는 오리가 등장하는 노래가 많이 있다. 그 일부 내용은 다음과 같다.

요시노의 나쓰미 강가에 오리가 울고 있다. 산그늘이 깔려 있는 곳에서……

[吉野尓有 夏實之河乃 川余杼尓 鴨曽鳴成 山影尓之弖…](작자 湯原王)

가루 연못을 헤엄치고 다니는 오리조차 물풀 위에서 혼자 자는 일은 없는데……

[軽池之汭廻往轉留 鴨尚尓 玉藻乃於丹 獨宿名久二…](작자 紀皇女)

이와레 연못에서 우는 오리를 보는 것도 오늘까지인가.

[百傳 磐余池尓 鳴鴨乎 今日耳見哉 雲隠去牟](작자 大津皇子)

물새인 오리의 날개 색깔과 같은 봄 산과 같지 않게 분명치 않아 보이네.

[水鳥之 鴨乃羽色乃 春山乃 於保束無毛 所念可聞](작자 笠女郎)[22]

위의 인용문은 서로 다른 시편들의 구절인데, 이 구절들을 보노라면 강물 위를 유유히 노니는 오리들이 떠오른다. 그런데 그러한 모습은 그 자체로만 머무는 것이 아니라, 그것을 바라보는 시인의 심정에 의해 다양하게 굴절된다. 예컨대 두 번째 제시된 구절에는 연못에 사는 오리가 무리와 함께 잠드는 모습을 말하면서, 그렇지 못한 자신의 외로움을 토로하고 있다. 『만요슈』에 가장 자주 등장한 새는 두견새와 기러기인데, 오리 역시 27회의 빈도수로 5위권 안에 있다(두견새, 기러기, 휘파람새, 학, 오리, 독수리, 물떼새 순으로 등장 빈도가 높다).[23]

인용한 내용을 통해 시구가 지어지던 고대에도 오리는 일본인의 삶에 있어 친숙한 새였음을 알 수 있다. 아울러 삼삼오오 모여 있는 오리들은 정다운 모습을 보이지만, 그것을 바라보던 고대 일본인 중 누군가는 자신이 혼자라는 존재의 고독을 느꼈다는 점 역시 독특한 시선이라고 생각된다.

물에 빠진 오리는 '매우 수월하다'

오리의 영어 표현은 duck이며, 일반적으로 야생 오리, 암컷 오리, 혹은 오리 고기를 가리킨다. 수컷 오리는 drake이며, 새끼 오리는 duckling이다. 꽥꽥거리는 소리를 내는 사람이나 물건을 가리키는 quacker가 구어에서는 오리를 의미하기도 한다.

오리는 기러기목[Anseriformes] 오릿과[Anatidae] 중 거위나 비(非) 오리를 제외한 조류를 일컫는다. 보통 색상, 외양, 습성, 서식지 등에 따라 구분해 부른다. 예를 들면, black duck, brown duck, red-headed duck, white-faced duck은 색상에 따른 명칭이고, crested duck, dusky duck, little duck, long-tailed duck, ring-necked duck은 외양에 따른 명칭이며, noisy duck, sleepy duck, whistling duck은 습성에 따른 명칭이고, channel-duck, creek-duck, mire-duck, moss-duck, mountain-duck, river duck, rock-duck, sea duck, shoal-duck, surf duck, tree duck, wood duck은 서식지에 따른 명칭이다.

duck의 어원은 고대 영어 *duce*다. 『옥스퍼드영어사전』에 따르면, 고대 영어의 모음이 *u*, *ú* 중 무엇인가라는 문제와 중세 영어의 세 가지 형태의 변천이라는 문제로 인해 영어 음운사에서 어려움이 있다고 한다. 즉, *dukke*, *duk*은 현대의 duck과 관련이 있고, *dōke*, *dook*은 스코틀랜드 영어의 *duik* /dʏk/과 관련이 있으며, 이 외에도 *douke*, *dowke*가 있다.

오리와 관련된 영어 관용구 및 속담을 살펴보자. 'duck's weather[오리의 날씨]' 'fine day for ducks[오리에게 좋은 날씨]'는 '습한 날씨' '비 오는 날씨'를 의미하고, 'like a duck in thunder[천둥 치는 중의 오리처럼]' 'like a (dying) duck in a thunderstorm[뇌우 속에서 (죽어가는) 오리처럼]'은 '쓸쓸하고 절망적인 모습을 한' 것을 의미하며, 'like water off/from a duck's back[오리 등의 물처럼]' 'like/as a duck (takes) to water[물에 빠진 오리처럼]'는 '매우 수월하게'를 의미하고, 'does/will/would a duck swim?[오리가 수영할까?]'은 '적극적인 수락 혹은 확인'을 의미한다.

수컷 오리를 가리키는 drake는 독일어 어원을 가지며, 중세 영어는 북부 및 중부 독일 방언 *draak*, *drake*, *drache*와 관련이 있다. 고대 고지 독일어 *antrahho*, *antrehho*, 중세 고지 독일어 *antreche*, 독일어 방언 *endedrach*, *antrek*, *antrecht*, *entrach* 등에서, 앞부분인

그림 5-5 빌렘 페데르센(Vilhelm Pedersen)의 일러스트레이션, 미운 오리 새끼

*eend, end, ente, and, ant, anut*이 오리 duck을 의미하는 것으로 해석하기 때문에, 수컷 오리 drake는 열거한 예들의 뒷부분임에 틀림없다. duckling은 duck과 지소사(指小辭)* -ling가 결합한 형태다. 한스 안데르센(Hans Andersen)의 동화 중의 하나인 「미운 오리 새끼」의 영어명이 바로 'The Ugly Duckling'이다. 주인공이 오리 새끼들과 함께 부화하여 성장할 때까지 서투르다는 이유로 경멸을 받았으나, 성장하고 보니 오리가 아닌 백조였다는 이야기다.

---

* 국립국어원 『표준국어대사전』에 따르면, 지소사는 "원래의 뜻보다 더 작은 개념이나 친애(親愛)의 뜻을 나타내는 접사. 또는 그렇게 하여 파생된 말"을 의미한다. '망아지'에서 '-아지', '꼬랑이'에서 '-앙이' 따위다.

5장 | 오리

페넬로페와 도널드 덕

그리스 신화에서 오리는 양육과 충성의 상징이었다. 유명한 서사시 「오디세이아」에서 영웅 오디세우스는 이카루스와 요정 페리보에아의 딸 페넬로페와 결혼했다. 페넬로페가 태어났을 때, 그녀의 아버지 이카루스는 아들이 아니라는 사실에 너무 화가 나서 그녀를 바다에 던져 익사시키려 했으나 오리 떼가 그녀를 구출했다. 그녀가 구조된 것을 보고 깜짝 놀란 이카루스는 이를 신의 신호로 보고 결국 어린 딸을 받아들였고, 그녀의 이름을 그리스어로 오리를 뜻하는 페넬로페(Penelope)라고 지었다. 페넬로페의 남편 오디세우스가 트로이 전쟁에 출전해 20년 동안 돌아오지 못하고 있을 때에도 그녀는 그의 왕국이 부도덕한 기회주의자들의 손에 넘어가지 않도록 보호했다. 페넬로페가 어미 오리의 보호적 특성을 구현한 것이다.

고대 켈트족은 물을 생명의 원천으로 보았고, 오리를 다산과 재생 같은 생명을 확인하는 특성과 연관시켰다. 켈트 신화의 세콰나(Sequana)는 물의 여신으로서 오리와 함께 묘사되기도 했으며, 치유의 여신이기도 했다. 따라서 오리는 켈트 문화에서 건강과 치유의 상징이었다. 일부 역사가들은 바이킹이 오리가 특별한 힘을 가지고 있다고 믿었다고 기술했다. 예를 들면, 덴마크의 한 유명한 바이킹 묘지에서 발견된 지위가 높고 권력자였던 듯한 여성의 유해는 값진 보석, 지팡이, 사리풀 씨앗(환각 유발 물질) 및 기타 유물

그림 5-6 남편 오디세우스의 갑옷과 함께 앉아 있는 페넬로페
(Francis Legatt Chantrey, 1781~1841)

과 함께 묻혀 있었다. 보석 중에는 오리발 펜던트가 달린 목걸이
도 있었는데, 고고학자들은 그녀가 선지자나 마법사라고 결론지
었다.[24]

　디즈니의 캐릭터 '도널드 덕'의 원명은 도널드 폰틀로이 덕(Donald
Fauntleroy Duck)이다. 월트디즈니사[The Walt Disney Company]가
만든 만화 캐릭터로서 역대 최고의 만화 캐릭터 50인 및 세계에서
가장 많이 출판된 만화 캐릭터 중 하나이며, 할리우드 명예의 거
리[Hollywood Walk of Fame]에서도 볼 수 있다. 〈현명한 리틀 헨[The
Wise Little Hen]〉(1934)이라는 연극에 처음 출연한 이후 애니메이

그림 5-7 바이킹시대의 오리발 펜던트 그림 5-8 가장 인기 있는 오리, 도널드 덕

션 만화에서 코미디 역할로 많이 등장했으며, 연극 및 영화에 출연하면서 아카데미 시상식에서 상을 받기도 했다. 자존심 세고 급한 성격에 화를 잘 내며 장난스럽고 남 골탕 먹이는 걸 즐기지만, 반대로 자신이 구박당하고 속아서 이용당하며 남들과 싸우기도 하는 캐릭터다.[25]

기독교 성경에는 오리가 나오지 않는다.

제 6 장

평화의 상징 혹은 도시의 천덕꾸러기 · 비둘기

비둘기는 도심의 빌딩, 자연의 숲, 어디에서나 만날 수 있다. 사람이 다가가면 겁을 먹고 뽀르르 날아가는 다른 새와 달리, 도심에서 만나는 비둘기가 사람은 아랑곳하지 않고 제 갈 길만 가는 모습은 의연하게까지 느껴진다. 최근에는 개체 수가 증가해 천덕꾸러기 신세가 되기도 했지만, 귀소본능(歸巢本能)을 가진 영리한 새로 예로부터 전서구(傳書鳩) 역할을 담당했고, 특히 하얀색 비둘기는 평화의 상징으로 여겨졌다.

비두로기, 비두리, 비닭이, 비둘기

현대 국어 '비둘기'는 고려가요 중 하나인 「유구곡(維鳩曲)」에서 '비두로기'라는 명칭으로 등장했다.* 비둘기의 옛말인 '비두리'는

---

* 비두로기 새눈 / 비두로기 새눈 / 우루믈 우루딕 / 버곡 댱이사 / 버곡 댱이사 / 난 됴해 (비둘기새는 비둘기새는 울음을 울되 뻐꾸기야말로 나는 좋아라 뻐꾸기야말로 나는 좋아라)

15세기 문헌에서부터 나타나며, 현대 국어와 같은 '비둘기' 형태는 16세기 문헌에서부터 나타나 17세기까지 '비두리'와 '비둘기'가 공존했다. 이후 18세기에 와서 '비두리'는 사라지고 '비둘기'만 남게 되면서 현재에 이르렀다. 17~19세기 문헌에는 '비돌기, 비들기'의 예도 보인다.[1]

동시에 한자로는 鳩(비둘기 구)로 표기했다. 구(鳩)는 산구(山鳩), 골구(鶻鳩), 명구(鳴鳩), 반구(頒鳩) 등으로 쓰이며 주로 산비둘기를 의미했으며, 집비둘기는 鵓(집비둘기 발)과 鴿(집비둘기 합)을 합하여 '발합(鵓鴿)'으로 표기했다.[2]

1960년대까지 비둘기를 '비닭이'라고도 불렀는데, 1930년대에 쓰인 이상의 시 「오감도 제12호」에서 그 예를 찾을 수 있다. 또한 발고(勃姑), 이성조(二聲鳥)라는 명칭으로 불리기도 했으며, 지역에 따라 비덜기, 비들캐, 비달기, 비둘키, 뻬둘키, 비틀귀 등으로 불리기도 한다.

비둘기는 평화의 상징으로 여겨져 86 서울 아시안게임 및 88 서울 올림픽을 비롯하여 큰 행사 때마다 비둘기들을 날리는 의식이 거행되기도 했다. 특히 88 서울 올림픽 개막식에서는 제24회 올림픽을 기념하기 위해 비둘기 2,400마리를 날렸는데[3] 이로 인해 도심에서 비둘기의 개체 수가 크게 늘어나게 되었다. 도심에 적응한 비둘기는 사람이 버린 음식물을 주워 먹으며 자연스레 살이 찌게 되었는데, 뒤뚱뒤뚱 걸어 다니며 잘 날지 못하는 모습이 닭과 같다고 하여 닭과 비둘기를 결합하여 '닭둘기', 배설물이나 깃털로

그림 6-1 도심의 비둘기들
ⓒ 조성덕

사람들에게 불쾌감을 준다고 하여 쥐와 결합하여 '쥐둘기'라는 별명이 붙기도 했다. 이는 현대인이 비둘기를 혐오스러운 동물로 인식하고 있음을 보여주는 한편, 인간의 인위적 개입이 생태계를 망치게 되었음을 방증한다.

문학 작품 속 비둘기

비둘기에 대한 현대인의 부정적 인식과는 달리, 과거에는 비둘기가 궁중 내 화려한 새장에서 길러지며 왕족의 완상 대상으로 언급되었다.[4] 『고려사절요(高麗史節要)』 제28권 공민왕 3년의 기록에는 "왕이 또 비둘기를 좋아하여 궁중에서 항상 수백 마리를 길러, 새장을 만드는 데에 베가 1천 필이 들었고, 새모이로 쓰는 곡식이 매월 12곡(斛)이 들었다[王, 又好鳩, 常養數百于宮中, 作籠, 費布一千匹, 飼穀, 月十二斛].”라는 기록이 전해진다.

비둘기는 또한 인간과의 친연성으로 인해 오래전부터 문학 작품의 소재로 활용되었다. 중국 남송 시기 지방지『가태회계지(嘉泰會稽志)』17권「조부(鳥部)」에 “비가 내릴 조짐이 보이면 수비둘기가 울면서 암컷을 둥지 밖으로 내쫓고 날이 맑아지면 암컷을 부른다[陰則屛逐其匹, 晴則呼之].”라는 기록이 전해지는데, 실제로 비둘기에게 이런 습성이 있는지는 확인하기 어렵다. 그러나 비둘기에 대한 이런 인식은 고려 후기의 학자 이곡(李穀, 1298~1351)의 시문집『가정집(稼亭集)』에서도 보인다.

행화촌 너머엔 하마 쟁기질하기 좋은 봄비   杏花村外一犁雨
구부의 급한 외침에 하늘이 바로 흐려지네   鳩婦急呼天正陰*

위 시에서 ‘구부’는 암비둘기의 별칭이다. 비둘기 암컷이 쫓겨날 때에는 분노와 원망이 뒤섞여 목청껏 크게 부르짖으며 운다고 하는데,[5] 비가 내릴 조짐을 구부의 급한 외침으로 표현한 것이다.

현대 문학 작품 중에는 김광섭의 「성북동 비둘기」가 잘 알려져 있다.

---

* 『가정집』권17 「소원(小園)에 오이를 심고 느낀 점이 있어서」일부.

성북동 산에 번지가 새로 생기면서

본래 살던 성북동 비둘기만이 번지가 없어졌다.

새벽부터 돌 깨는 산울림에 떨다가

가슴에 금이 갔다.

그래도 성북동 비둘기는

하느님의 광장 같은 새파란 아침하늘에

성북동 주민에게 축복의 메시지나 전하듯

성북동 하늘을 한 바퀴 휘 돈다.

……

예전에는 사람을 성자처럼 보고

사람 가까이서 사람과 같이 사랑하고

사람과 같이 평화를 즐기던 사랑과 평화의 새 비둘기는

이제 산도 잃고 사람도 잃고

사랑과 평화의 사상까지

낳지 못하는 쫓기는 새가 되었다.

1960년대 한국은 급속한 산업 발전과 근대화가 진행되면서 도시에는 화려함과 비참함이 공존하게 된다. 이 시에서는 본래 숲, 나무 등 자연이 가득했던 곳에 인위적으로 건축물이 조성되면서 사람들과 살아가던 비둘기가 보금자리를 잃게 되었음을 묘사하고 있다. 그 이면에는 근대화, 산업화, 도시화로 인해 자연이 파괴되고 인간과 자연의 공생 관계가 깨지면서 인간성이 메말라가는 현실을 비판하는 동시에, 쫓겨난 비둘기를 통해 소외된 사람들을 묘사하며 안타까움을 전달하고 있다.

매파와 비둘기파

앞서 살펴본 바와 같이 비둘기는 평화의 상징이다. 이로부터 의미가 확장되어, '비둘기파'는 분쟁이나 사태에 대해 자신의 주장을 강경하게 내세우지 않고 상대편과 타협하여 온건하게 일을 처리하며 평화를 주장하는 정치적 온건파를 나타낸다. 반대로 호전적인 강경파는 맹금류인 매에서 뜻을 따 '매파'라고 한다.

그러나 한국의 속담에서는 비둘기가 모두 부정적 이미지로 나타난다. 예컨대 '비둘기는 콩밭에만 마음이 있다.'는 먹을 것에만 정신이 팔려 다른 볼일을 온전히 보지 못함을 비유적으로 이르는 말이며, '하룻비둘기 재를 못 넘는다.'는 경험이나 실력 없이는 큰일을 하기 어렵다는 말이다. 또한 '까치집에 비둘기 들어 있다.'는 비둘기가 스스로 자기의 둥지를 짓지 않고 까치 둥지에서 산다는 의미로, 남의 집에 들어가 주인 행세를 하는 것을 비유적으로 이르는 말이다. 이와 유사한 사자성어로 '구거작소(鳩居鵲巢)'가 있다. 또 다른 사자성어로 '학구소붕(鸒鳩笑鵬)'이 있다. 작은 비둘기가 큰 붕새를 보고 웃는다는 뜻으로, 어리석은 소인배가 위대한 사람을 몰라보고 비웃는 상황을 이르는 말이다.[6]

비둘기를 뜻하는 한자 鳩를 포함한 어휘는 무리 생활을 하는

그림 6-2 한데 모여 머리를 맞대는 비둘기 떼
ⓒ 조성덕

비둘기의 습성을 반영해 주로 '모이다'라는 뜻으로 활용된다. 예컨
대 '구수(鳩首)'는 비둘기들이 모여 머리를 맞대듯이 서로 머리를
맞대고 의논함을 비유적으로 이르는 말이며, '구취(鳩聚)'는 한데
모음을 뜻한다. '구합하다(鳩合하다)'는 어떤 일을 꾸미려고 세력이
나 사람을 모은다는 뜻이다.

서신을 전하는 비둘기, 신거[信鴿]

평화와 행복의 상징인 비둘기는 중국어로 '거즈[鴿子]'라고 하
는데, 의미를 나타내는 鳥(새 조)에 발음(소리)을 나타내는 合(합할
합)이 결합된 글자다. 이를 『한자자원(漢字字源)』에서는 비둘기 암

수 한 쌍이 자주 같이 다니는 모습을 두고 合의 의미를 해석했다.[7]

중국에서는 이른 시기부터 비둘기를 길렀다. 흥미로운 것은 송대에는 비둘기가 중요한 서신을 전하는 역할을 했다*는 점이다. 이러한 비둘기를 중국어에서 편지(서신)의 의미를 가진 단어인 信을 붙여 '신거[信鴿]' 또는 통신(通信)이라는 단어를 붙여 '통신거[通信鴿]'라 한다. 한편 청나라 때 장만종(張萬鍾)이 쓴 『합경(鴿經)』이라는 책이 전해지는데, 이는 중국에서 가장 이른 시기에 쓰인 비둘기에 관한 전문서적이다.

비둘기 중 야생 비둘기는 서식지에 따라 크게 두 가지로 나뉜다. 주로 암석 위에 서식하는 것은 巖(바위 암) 자를 붙여 '옌거[巖鴿]'라고 부르고, 나뭇가지에 서식하는 것은 林(수풀 림) 자를 붙여 '린거[林鴿]'라고 부른다. 이 중 '린거[林鴿]'를 장강(長江) 유역에서는 속칭으로 '수이구구[水咕咕]'라고 부르기도 하는데, 水(물 수)와 비둘기의 울음소리를 흉내 낸 의성어 '구구[咕咕]'가 합성된 명칭이다.

반면 사육되는 비둘기는 家(집 가)를 붙여 '자거[家鴿]'라고 하는데, 사육 기간 동안 관찰하여 식용, 관상용, 군용, 실험용 등으로 나눈다. 또 사원(寺院)에서 기르는 비둘기는 堂(집 당) 자를 붙여 '당거[堂鴿]'라고 했다. 방문객에게는 관상용(觀賞用)이겠지만, 일부 신자들은 침범할 수 없는 신조(神鳥), 즉 신령한 새로 여겼다고

---

* 강소우(江少虞), 『사실류원(事實類苑)』 「합기서(鴿寄書)」.

한다.[8] 청나라 때는 외국에서 우량한 품종의 비둘기가 많이 도입되었고, 고관이나 귀족을 비롯해 일반 사람들도 비둘기를 많이 길렀다고 전한다.

비둘기의 고기, 알, 분뇨는 모두 약으로 활용되는데, 허한 기를 다스리고, 피를 맑게 하며, 해독 작용 등이 있다고 한다.[9] 민간에서는 "한 마리의 비둘기가 아홉 마리의 닭을 능가한다[一鴿勝九鷄]."는 말이 있으며, 또 비둘기 알은 단백질이 풍부해서 '동물의 인삼'이라 불린다고 한다.[10]

한국에서는 닭장집, 중국에서는 비둘기집

'거즈롱[鴿子籠]'은 본래 비둘기를 키우는 장을 가리키는 단어이지만, 1980년대에는 빽빽하게 구성된 집단임대주택(소위 닭장 아파트)[11]을 비유적으로 표현하는 말로 사용되었다.

'거사오[鴿哨]'는 비둘기 꼬리에 매달아 비둘기가 날 때 소리를 내는 호루라기를 말한다. 『송사(宋史)』에는 서하(西夏)*의 군대가 출병하여 포위 공격하라는 신호로 활용했다고 기록하고 있고, 남송 시기에는 전문적으로 거사오를 생산하고 판매하는 업종이 생겨났다고 한다. 거사오는 북방과 남방 지역에 모두 있었지만, 청나

---

* 11~13세기에 중국 서북부의 오르도스[鄂爾多斯]와 간쑤[甘肅] 지역에서 티베트 계통의 탕구트족이 세운 나라.[12]

라 시기에 이르면서 베이징의
거사오가 종류, 제작 방식, 음
향 등이 뛰어나 최고로 여겨
졌다.

'부거휘안[怖鴿穫安]'이라
는 성어를 글자 그대로 풀
이하면 '놀라고 두려워하던
비둘기가 평온함을 얻었다.'
가 된다.『열반경(涅槃經)』第

그림 6-3 거사오[鴿哨], 비둘기 꼬리에 매단 호루라기

28載는 부처가 매에 쫓기는 비둘기가 정신없이 이리저리 달아나
는 것을 보고 자신의 그림자를 드리워 숨겨주자 비둘기를 찾지 못
한 매가 그제서야 날아갔다고 기록하고 있다. 현재는 갈 곳 없이
막다른 골목에 놓인 이가 의탁하고 기거할 곳을 찾았다는 의미를
표현한다.

날개를 파닥거리며 날아올라 하토(はと)

일본에서는 비둘기를 '하토(はと)'라고 부르고 한자로는 鳩(비둘
기 구)로 표기한다.[13] 비둘기를 '하토(はと)'라고 부르는 이유가 재미
있는데, 그 유래인즉 날아오를 때 날개를 파닥파닥[パタパタ]거리
기 때문이라고 한다. 비둘기 가운데 일본 재래종의 경우 가라스바
토속(カラスバト属)과 기지바토속(キジバト属) 등이 있는데, 각각의

6장 | 비둘기

사진을 보면 기지바토속의 비둘기가 한국에서 흔히 보이는 비둘기와 비슷하다.[14]

비둘기와 관련된 단어들을 보면 비둘기를 기르는 집인 규샤[鳩舍]가 있다. 보다 추상적인 의미를 가진 어휘도 있는데, '규슈[鳩首]'와 '규고우[鳩合]'가 그것이다. 먼저 규슈[鳩首]는 직역하면 '비둘기의 머리'인데, 여러 사람이 머리를 맞대 의논함을 뜻한다. 다음으로 규고우[鳩合]는 '규합하다'는 뜻을 가지며, '규합'의 한자인 糾合과 발음이 비슷해 혼용되는 것인가 싶기도 하다.

鳩合과 糾合의 관계에 관해서는 일본에서도 관심을 가지는 듯한데, 그 유사한 의미 관계에 대해 다음과 같은 설명이 있다.

鳩合의 '비둘기[鳩]'는 모여 있다는 의미가 있기에, 하나로 묶는다는 의미로부터 하나로 모은다는 의미로 사용되는 糾와 닮은 의미입니다. 그러므로 糾合과 鳩合은 같은 뜻입니다.[15]

구합(鳩合)은 우리나라의 국어사전이나 한자사전에도 등재되어 있는데 중국어사전에는 보이지 않는다는 점에서, 이 단어는 현재 한국과 일본에서 공유되는 단어라고 생각된다. 우리 주변에서 비둘기들이 모여 뭔가를 쪼아 먹는 장면을 자주 보곤 하는데, 이러한 모습을 보고 '모이다' '규합하다'라는 뜻으로 이 말을 사용하는 듯하다.

비둘기가 들어간 숙어도 있다. 그중 하나는 '규슈 쿄우기(きゅう

しゅきょうぎ, 鳩首協議)'인데, 사람들이 머리를 맞대고 열심히 상의하는 것을 의미한다. 이 숙어는 앞서 본 단어인 '규슈[鳩首]'가 확장된 표현이라고 생각되며, 규슈[鳩首]에 협의(協議)라는 단어가 붙은 합성어라고 생각된다. 다음으로 '규쿄자쿠소우(きゅうきょじゃくそう, 鳩居鵲巢)'라는 말이 있는데, 이 말에 대해 '여자가 시집을 가게 되어 남자의 집에 가는 것을 비유한 것' 혹은 '노력 없이 타인의 성공이나 타인의 지위를 가로채는 것'에 대한 비유로 풀이하고 있다.[16]

'구거작소(鳩居鵲巢)'는 문장 그대로 '비둘기[鳩]가 까치[鵲]의 둥지[巢]에 산다.'라는 뜻이다. 중국 고전에 관심이 있는 사람이라면 이 말이 『시경(詩經)』의 「작소(鵲巢)」편에서 온 말임을 쉽게 알 수 있을 것이다. 『시경』의 「작소」편에는 "까치가 지은 집에, 비둘기가 들어와서 사네. 그녀가 시집옴에 백 량의 수레로 맞이하네[維鵲有巢, 維鳩居之. 之子于歸, 百兩御之]."라는 구절이 있다. 까치가 지은 둥지에 비둘기가 사는 사례가 거의 없기에, 한국과 중국의 『시경』관련 학술사에서 이 문제는 작지만 뜨거운 논란이 된 바 있다. 이에 대한 여러 의론을 돌아볼 때 "남편을 까치로 비유하고 비둘기를 시집오는 아내로 비유한 시[鵲比其夫, 鳩比新來之婦]."[17]라는 방산 윤정기(尹廷琦, 1814~1879)*의 견해가 현재로서는 가장 타당하다고 생각된다.

---

* 조선 후기의 경학자이자 다산 정약용의 외손자.

그런데 흥미로운 점은 앞서 본 바와 같이 일본에서도 역시 '규쿄자쿠소우[鳩居鵲巢]'를 여자가 시집을 가게 되어 남자의 집에 들어가는 것을 비유한 표현으로 보고 있다는 점이다. 「작소」 시편의 본뜻이 아주 먼 옛날에 중국에서 일본으로 전해져서 지금까지 오래도록 남아 있는 것은 아닐까?

비둘기를 놀라게 한 콩알탄과 비둘기 과자

한편 일본에는 비둘기와 관련된 관용어로 '하토가 마메뎃포오 쿳타요우[鳩が豆鉄砲を食ったよう]'라는 말이 있다.[18] 여기서 '마메뎃포[豆鉄砲]'는 총알로 콩을 사용하는 대나무로 만든 총이라고 하는데, '하토가 마메뎃포오 쿳타요우[鳩が豆鉄砲を食ったよう]'는 갑작스러운 일을 만난 나머지 놀라서 멍한 상태를 뜻한다. '鳩が豆鉄砲を食ったよう'는 직역하면 '비둘기가 대나무로 만든 장난감 총을 먹은 듯'인데, 의미상 비둘기가 장난감 총의 총알을 먹었다는 것으로 이해된다. 대나무 대롱을 통해 콩알이 날아갔는데, 그것이 비둘기 입으로 들어갔다면 그야말로 깜짝 놀라지 않을 수 없을 것이다. 우리말로 보자면 '놀라서 간 떨어질라.'와 같은 말에 해당되는 듯하다. 이 말은 소설이나 신문 기사에서 나오기도 하고,[19] 예능 프로그램에도 나오는 등 일본 사람들에게 매우 친숙한 말이라고 생각되니, 혹시 일본인 친구가 있다면 한 번 사용해보아도 재밌을 듯하다.

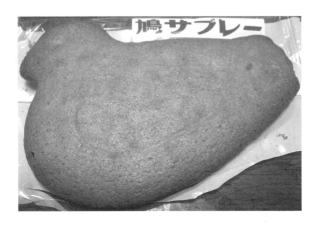

그림 6-4 하토 사브레

일본에는 비둘기 과자도 있다고 한다. '비둘기 고기로 만든 과자란 말인가?' 하고 놀랄 수 있겠지만, 물론 그렇진 않다. '하토 사브레(鳩サブレー)'라는 이름의 이 과자는 '사브레'라는 명칭대로 우리에게 친숙한 사블레(sablé) 스타일의 과자다. 일본 가마쿠라[鎌倉] 지역의 특산과자라고 하는데, 비둘기 모양으로 생긴 과자다. 일본에 다녀온 사람들이 선물용으로 사오는 것을 보면 나름 인기가 있다고 여겨진다. 이 과자를 생산하는 도시마야[豊島屋]라는 회사의 홈페이지(https://www.hato.co.jp)에는 노란색 바탕에 붉은 눈의 하얀 비둘기 그림이 그려져 있다.

1990년대와 2000년대를 풍미했던 인디밴드인 언니네 이발관의 앨범 제목인 '비둘기는 하늘의 쥐'라는 말처럼 한국이든 일본이든 실생활 속의 비둘기는 비위생의 상징처럼 여겨지곤 하는데, 비둘기 과자를 먹으면 그런 부정적인 이미지가 좀 더 밝게 바뀔 수 있을까?

dove와 pigeon

비둘기의 일반적인 영어 표현은 dove와 pigeon이다. 둘 다 비둘 깃과[Columbidae family]에 속한다. 『옥스퍼드영어사전』에 따르면, 비둘기 dove는 예전에, 그리고 현재 방언 dove, dow, doo에서도 영국 토종이거나 영국 내 비둘기류[pigeon] 전부를 가리켰으나, 요즈음은 멧비둘기[turtle-dove]만 국한해 가리키는 경우가 흔하다고 한다. 어원은 게르만어 *dūbōn이다.

비둘기 pigeon은 야생 바위비둘기[wild rock dove, Columba livia]에서 가축화된 종류를 가리킨다. 본래 집비둘기[domestic pigeon]는 식용으로 그리고 메시지 전달을 위해 사육됐는데, 최근에는 경주와 전시용으로 사육되고 있다. 그중 흰색 품종은 dove로 불리기도 한다.

일반적으로 pigeon은 dove보다 더 크고 튼튼하지만, dove와 pigeon 두 가지 이름이 모두 많은 종에 부여되었다. 한편 비둘기 새끼는 dovelet, pigeon, squab 혹은 squeaker라고 부른다. dovelet은 명사 dove와 지소접미사 -let의 합성어로, 작거나 어린 비둘기[dove]를 가리킨다. pigeon은 성체뿐만 아니라 어린 비둘기[dove 혹은 pigeon]를 가리키기도 한다. squab는 특별히 어린 비둘기[pigeon]

그림 6-5 클레이 피전

를 가리키며, squeaker는 찍찍 소리를 내는 것을 뜻해 어린 비둘기 [pigeon]를 가리키기도 한다.

sea dove는 비둘기 종류가 아니라 "동인도 물고기의 이름으로 오르비스(orbis) 혹은 문피시(moon-fish)의 종[*Columba marina*]으로 보이므로[*Columba marina*, the sea dove······ the name of an East Indian fish, and appearing to be a species of the orbis, or moon-fish]"[20] 주의가 필요하다.

pigeon은 클레이 피전(clay pigeon)처럼 사격에서 비둘기 대신 사용하는 움직이는 표적*을 가리키기도 한다.

---

* 클레이 사격 경기에 쓰이는 표적. 점토를 접시 모양으로 만든다.

여성, 온건, 협상 vs 순진한 바보, 끄나풀, 마약

dove는 비유적으로 온화하고 순진하며 다정한 여성이나 아이를 가리키며, pigeon은 다음 예문에서와 같이 여성의 애칭으로 쓰이기도 한다. "그들은 자신들이 가진 것을 그녀에게 썼다. …… 그리고 놀랍게도 그녀와 그녀의 어린 딸이 그들을 탕자처럼 집 밖으로 내보냈다[(When) they had spent vpon her what they had … then forsooth, she and her yoong Pigion (sc. her daughter) turne them out of doores like prodigall children]."[21]

앞에서 언급한 바와 같이, dove는 정치적으로는 '비둘기파'인 온건파를 가리키며, 반대 개념은 '매파[hawk]'인 강경파를 가리킨다. 온건파는 무력과 전쟁을 지양하고 협상과 평화를 우선시하는 반면, 강경파는 그 반대다.

비둘기는 부정적인 의미도 가진다. pigeon은 특히 도박에서 사기당하기 쉬운 사람을 가리킨다. "조니 리치는 순진한 바보나 아마추어들을 전문 도박꾼들과 함께 부정직한 사기 카드 게임으로 이끄는 '조타수'였다[Johnny Rich was a 'steerman' who led pigeons, or unsuspecting amateurs, into crooked card games with professional gamblers]."[22] 또, 원래는 복권에서 사기 치는 사람을 가리키다가 나중에는 사기꾼, 횡령자라는 의미로 사용되는 속어인데, 현재에는 잘 쓰이지 않는다. 또한 미국에서는 경찰에게 정보를 제공하는 끄나풀[stool-pigeon]을 가리키는 속어로 사용된다. "범죄의 미끼나

퍼터업, 일부 간부들의 끄나풀로 오랫동안 이용됐던 이 비열한 악당이 …… 드디어 검거됐다[This despicable rogue who has been long used as a 'decoy duck', or 'putter-up' of crime, and a 'pigeon' of certain officers … has at last been caught]."[23] 또한 언론인의 속어로 검열을 피하기 위해 언론인의 보고서를 다른 나라로 운반하는 사람을 가리키기도 한다.

한편 dove는 마약을 의미하는 속어로도 쓰인다. 미국에서는 크랙 코카인을 가리키고, 영국에서는 흰색이고 작은 비둘기 같은 이미지로 인해 엑스터시를 가리킨다. "그는 보통 크랙이라고 알려져 있고 지역에 따라 base rocks, hubbas, doves로 알려진 매우 강력한 형태의 코카인인 너겟 12개를 체로 거르며 웃는다[He laughs, sifting out 12 of the nuggets, the highly potent form of cocaine known generally as crack and locally as base rocks, hubbas and doves]."[24]

그리스 신화 및 히브리어 성경 속의 비둘기

비둘기를 의미하는 고대 그리스어는 페리스테라(*peristerá*)인데, 이 단어는 '이슈타르(Ishtar)의 새'를 의미하는 셈어[Semitic]에서 파생되었을 수 있다. 그리스 여신 아프로디테(Aphrodite)가 이난나-이슈타르(Inanna-Ishtar)의 영향으로 비둘기를 신성하게 여겨서인지, 아프로디테는 고대 그리스 예술 작품이나 공예품에 비둘기와 함께 자주 등장한다. 아프로디테의 주요 축제인 아프로디시아

그림 6-6 비둘기를 안고 있는 아프로디테

(Aphrodisia) 동안 그녀의 제단에 비둘기를 바쳤기 때문에 그 제단은 희생된 비둘기의 피로 정화되었을 것이다. 아프로디테와 비둘기의 연관성은 로마 여신인 비너스(Venus)와 포르투나(Fortuna)에게도 영향을 미쳐, 그들 역시 비둘기와 연관되게 되었다.

히브리어 성경에서 비둘기[dove]나 어린 집비둘기[pigeon]는 더 비싼 동물을 살 여유가 없는 사람들을 위한 번제물로 허용되었다. 창세기에서 노아는 비둘기를 방주 밖으로 내보냈지만, 홍수가 줄어들지 않았기 때문에 비둘기가 그에게 돌아왔다. 칠 일 뒤에 다시 보냈더니 입에 감람나무 가지를 물고 돌아왔는데, 이는 감람나무가 자랄 만큼 물이 빠졌음을 나타낸다. 이처럼 비둘기는 노아의 비둘기처럼 근심, 걱정으로부터 해방 및 평강을 전하는 메신저를 가리키기도 하고, 누가복음에서 성령을 가리키기도 한다.[25]

그림 6-7 노아와 비둘기(베네치아 산마르코 대성당의 모자이크)

창세기 8장 8~12절

(8) 그는 또 비둘기 한 마리를 내보내서, 땅에서 물이 얼마나 빠졌는지를 알아보려고 하였다. (9) 그러나 땅이 아직 모두 물속에 잠겨 있으므로, 그 비둘기는 발을 붙이고 쉴 만한 곳을 찾지 못하여, 그냥 방주로 돌아와서, 노아에게 왔다. 노아는 손을 내밀어 그 비둘기를 받아서, 자기가 있는 방주 안으로 끌어들였다. (10) 노아는 이레를 더 기다리다가, 그 비둘기를 다시 방주에서 내보냈다. (11) 그 비둘기는 저녁때가 되어서, 그에게로 되돌아왔는데, 비둘기가 금방 딴 올리브 잎을 부리에 물고 있었으므로, 노아는 땅 위에서 물이 빠진 것을 알았다. (12) 노아는 다시 이레

를 더 기다리다가, 그 비둘기를 내보냈다. 그러나 이번에는, 그 비둘기가 그에게로 다시 돌아오지 않았다.*

누가복음 3장 22절

(22) 성령이 비둘기 같은 형체로 그의 위에 내려오셨다. 그리고 하늘로부터 소리가 났다. "너는 내 사랑하는 아들이다. 내가 너를 좋아한다."**

---

* [Genesis 8: 8~12] (8) Noah wanted to find out if the water had gone down, and he sent out a dove. (9) Deep water was still everywhere, and the dove could not find a place to land. So it flew back to the boat. Noah held out his hand and helped it back in. (10) Seven days later Noah sent the dove out again. (11) It returned in the evening, holding in its beak a green leaf from an olive tree. Noah knew that the water was finally going down. (12) He waited seven more days before sending the dove out again, and this time it did not return.

** [Luke 3: 22] (22) and the Holy Spirit came down upon him in the form of a dove. A voice from heaven said, "You are my own dear Son, and I am pleased with you."

(한국어는 표준새번역을, 영어는 Contemporary English Version을 인용)

제 7 장

딱딱 소리를 내며 나무를 쪼는 새 · 딱따구리

딱따구리는 우리나라의 친숙한 텃새 중 하나다. 전 세계에 약 200여 종이 있는 것으로 알려져 있으며, 청딱따구리, 오색딱따구리, 큰오색딱따구리, 쇠딱따구리를 우리나라 산림 전역에서 흔히 볼 수 있다.[1] 잘 알려진 바와 같이 날카롭고 단단한 부리로 나무에 구멍을 내 둥지를 만들기도 하고, 나무 속에 있는 벌레를 잡아먹으며 사는 독특한 습성을 갖고 있다. 이때 초당 15번 정도의 아주 빠른 속도로 나무를 쪼기 때문에 그 소리가 매우 경쾌하다. 얼핏 생각하면 구멍을 뚫어서 나무에 해가 되는 것 같지만, 구멍을 뚫어서 생기는 피해보다 해충을 잡아먹음으로써 나무에 주는 도움이 오히려 크다고 한다.[2] 나무 쪼기에 열중하며 살아가는 딱따구리와 관련된 어휘 속 문화를 살펴보자.

나무를 쪼는 새

딱따구리? 딱다구리? 무엇이 맞을까? 『표준국어대사전』에서는 '딱따구리'를 표준어로 인정하고 있으며 '딱다구리'를 찾으면 '→

그림 7-1 1초에 15번 나무를 쪼는 딱따구리
ⓒ 조성덕

딱따구리'라고 제시되어 있다. 그러나 국립생물자원관에서 발표한 국가생물종 목록에는 '딱다구리'로 표기되어 있으며, 구체적인 조류명에는 '딱따구리'와 '딱다구리'가 혼용되고 있다. 비록 표준어는 '딱따구리'이지만 관련 전문가들은 정식 종명인 '딱다구리'를 더 보편적으로 사용함을 알 수 있다. 한자어로는 나무를 쪼는 새라는 뜻으로 '탁목(啄木)' 또는 '탁목조(啄木鳥)'라고 한다.

현대 국어 '딱따구리'의 옛말은 17세기 문헌에서 '댓뎌구리'로 나타난다.[3] '댓뎌구리'는 17세기 이후 음운 변화를 거쳐 '때쩌구리'로 이어졌다. '때쩌구리'가 20세기 초의 『조선어사전』(1938)에도 올라 있는 것을 보면, 이 명칭이 300년 이상 사용되었음을 알 수 있다. 그런데 비슷한 시기에 발행된 『조선어표준말모음』(1936)에서는 '때쩌구리'를 버리고 '딱따구리'를 표준어로 삼았다. '딱따구리'라는 명칭은 20세기 이후부터 현재까지 쓰이고 있으나, 정확한 어원은 밝혀지지 않았다. 다만, '딱딱'은 나무 속에 숨어 있는 벌레를 잡아먹기 위해 날카로운 부리로 나무를 쪼는 소리다. '울이'는 '울다[鳴]'의 어간 '울-'에 접미사 '-이'가 결합된 어형으로, '딱딱 소리를 내며 우는 새'로 해석할 수 있다. 나무를 쫄 때 나는 소리를 새가 우는 소리로 여겨 이와 같이 명명할 수 있을 듯하다. 또 다른 해석으로는 '딱딱'에 '구리'가 결합한 것으로 보기도 하는데, '구리'의 어원에 관해서도 알려지지 않았다.[4]

지역에 따라 딱째구리(강원), 딱총새(강원), 따짜구리(경기), 때짜구리(경기, 전라), 도치새(경남), 딱때구리(경남), 땍때구리(경남, 전라), 똑딱새(경남), 자구리(경남), 젝제구리(경남), 짝자구리(경남, 함북), 짝짜구(경남), 짝째구리(경남), 나무떡떽이(경북) 등으로도 부른다.

옛 시에 나타난 딱따구리

옛 문헌에서 딱따구리를 주제로 한 문학 작품을 몇몇 찾을 수 있다. 먼저 고려시대 『동국이상국집』에는 '탁목조(啄大鳥)'라는 제목으로 다음과 같은 시가 전해진다.

나무 구멍에서 벌레집 찾아　　　　　　木穴得蟲藪

딱딱 쪼는 소리 문 두들기는 듯하도다　剝剝如扣戶

너는 오색의 아름다움으로	將汝五色姸
어찌하여 벌레 쪼기를 좋아하느뇨	胡爲好啄蠱*

   딱따구리의 나무 쪼는 소리를 문 두드리는 소리와 같다고 묘사한 위 시는 나무 속 벌레를 잡아먹는 딱따구리의 먹이 습성을 생생하게 묘사하고 있다. 조선 중기 문신 김상헌(金尙憲, 1570~1652)의 시문집 『청음집(淸陰集)』에서도 "딱따구리 소리같이 문 두드려 불러대도[聲如啄木扣門呼]"와 같은 시구가 있어, 딱따구리 소리가 문 두드리는 소리와 같다고 인식하는 것이 보편적임을 알 수 있다. 그만큼 딱따구리가 한반도에서 쉽게 발견할 수 있는 새였음을 추측할 수 있다.

   조선 중기의 문신 이응희(李應禧, 1579~1651)의 『옥담사집(玉潭私集)』에는 딱따구리에 관해 쓴 「산새를 읊다」라는 시가 실려 있다.

딱따구리가 빈 나무에 매달려	啄木攀空樹
늘 벌레를 쪼아 먹고 사누나	長年啄蠹蟲
너의 예리한 부리를 가져다가	要將汝利觜
우리 임금 좀먹는 벌레 쪼았으면	還啄蠹君蟲**

---

* 『동국이상국전집(東國李相國全集)』 권16, 「탁목조(啄木鳥)」.
** 『옥담사집(玉潭私集)』 「산새를 읊다[詠山鳥]」.

그림 7-2 김홍도의
〈소나무와 딱따구리[松啄木鳥]〉

위 시에서도 나무 속 벌레를 쪼
아 먹는 딱따구리의 습성을 볼 수
있는데, 특히 마지막 행에서 "우리
임금 좀먹는 벌레 쪼았으면"이라는
시구에 화자의 마음이 담겨 있다.
딱따구리가 나무의 좀과 벌레를 잡
아먹듯이, 세상의 좀벌레처럼 임금
에게 간언(間言)하고 백성들을 헤치
는 자들을 없앨 수 있으면 좋겠다
는 염원을 기탁(寄託)한 것이다.[5]

조선 후기 문신 이만도(李晩燾,
1842~1910)의 시문집인 『향산집(響
山集)』에도 '딱따구리[啄木]'라는 제
목의 시가 수록되어 있다.

딱따구리 벌레 있는 곳을 잘 알아	啄木善相蟲
나무에다 한 자 깊이 구멍을 뚫네	啄木一尺深
부스러기 눈 날리듯 흩어져 날고	霏霏下雪屑
딱딱 소리 마치 북을 치는 듯하네	聲聲聞鼓音
벌레 잔뜩 잡아먹고 휙 날아가니	一飽忽飛去
고운 모습 구름 산에 찬란하구나	文采絢雲岑
진액 나와 껍질 합해질 수 있다면	津潤如復合

우거진 숲 보존할 수 있을 것인데	庶或保穹林
한스러운 건 수령 이미 오래되어서	尙恨年旣大
썩는 데다 빗물까지 고이는 거네	腐敗益雨霑
벌레 본디 나무에서 생기는 거니	蟲爲木所生
나무 너는 딱따구리 원망을 말라	而莫怨飛禽*

딱따구리가 친근한 새이니만큼, 우리 조상들은 일상생활의 경험을 딱따구리에 비유해 묘사하곤 했다. 먼저, 조선 후기의 문신 이이명(李頤命, 1658~1722)의 시를 살펴보자.

머리로 병풍 받고 곧 베개에 엎드려 있노라면	觸屛旋伏枕
우뚝한 흙덩이처럼 우매할 뿐이로다	恂愁堛峷屼
진실로 온갖 병증을 다 갖추었으니	百證信具備
수많은 증상에 어찌 하나인들 빠뜨렸으랴	萬狀詎一闕
혹 급히 찍어대는 건 딱따구리 같기도 하고	或敲急若鴷**

두통이 심한데도 시를 지으며 고통을 달랜 필자의 고아한 정신이 감탄스러운 이 시는, 지끈지끈 쑤시는 두통을 딱따구리가 찍어

---

* 『향산집(響山集)』 권1 「딱따구리[啄木]」.
** 『소재집(穌齋集)』 권3, 「두통에 대한 시 85운을 지어서 아픈 증상을 갖추 서술하여 스스로 마음을 풀다[頭疼詩八十五韻備述疼狀以自遣]」.

7장 | 딱따구리

대는 것 같다고 비유하고 있다. 이는 실제로 딱따구리가 나무를 쪼는 모습을 보지 않았다면 표현할 수 없는 비유다.

또한 1855년에 강장환(姜長煥)이 청나라를 다녀오며 기록한 『북원록(北轅錄)』에는 조선인이었던 필자가 이해할 수 없는 만주어를 '딱따구리 나무 쪼는 소리'라고 표현하고 있다. 관련 내용을 살펴보면 다음과 같다.

> 내가 또 의관 제도를 물었더니 그가 붓을 들어 답을 하려 하였다. 갑군이 그 옆을 지나가자 수레에 붓을 던지고는 손으로 휘저으며 무어라 말을 하였는데, 무슨 말을 하는지 이해할 수가 없었다. 그 말하는 품새가 마치 딱따구리가 나무를 쪼는 듯한 소리였으니, 옛사람들이 '남만격설(南蠻鴃舌)'이라 한 것은 이 때문이었구나 생각하였다.
>
> [又問衣冠制度 擧筆將答. 甲軍 過其傍 即投筆入車中 以手揮之 有所云云 而不解爲何語. 蓋其語品 略似啄木鳥啄木聲 古人以'南蠻爲鴃舌'者 以是歟.]

의미가 통하지 않아 시끄럽게 들리는 말이 마치 딱따구리 쪼는 소리처럼 들렸다는 것이다. 이 글에서 '남만격설(南蠻鴃舌)'은 듣기가 아주 나쁜 왜가리 소리와 같다는 뜻으로, 남만 사람의 알아들을 수 없는 언어를 비유한 말이다. 이는 『맹자(孟子)』「등문공편(滕文公篇)」에 "지금 남만(南蠻)의 왜가리 혀를 놀리는[鴃舌] 사람은 선왕의 도를 그르게 여긴다[今也南蠻鴃舌之人 非先之道]."라고 한 데서 온 말이다.

현대 국어에서 딱따구리와 관련된 단어 및 표현은 많지 않다. 먼저, 우리가 흔히 사용하지 않지만 '딱따구리단장' '딱따구리지팡이'라는 단어가 있다. 손잡이 부분이 딱따구리 부리처럼 생긴 지팡이를 말한다. '딱따구리망치'는 딱따구리의 부리처럼 끝이 뾰족하게 생긴 망치를 뜻한다. 속담 중에는 '딱따구리 부작'이 있는데, 무엇이든지 완벽하게 하려고 하지 않고 명색만 그럴듯하게 갖추는 것을 이르는 말이다. 모두 딱따구리의 가장 큰 특징인 부리를 통해 이와 유사한 형태 및 특성을 가진 사물이나 현상을 명명한 것이다.

딱따구리는 숲속의 의사

마른 나무줄기에 부리로 구멍을 뚫고 구멍 속에 혀를 넣어 벌레를 잡아먹는 딱따구리는 '썬린이성[森林醫生]', 즉 '숲 속의 의사' 또는 '삼림 건강의 사자'로 불린다.

춘추시대 진(晉)나라의 악사(樂師)*였던 사광(師曠)이 조류에 관해 정리한 『금경(禽經)』에는 딱따구리가 鴷(딱따구리 렬)로 표기되어 있다. 鴷에서 鳥(새 조) 자 위에 놓인 列(벌일 렬) 자는 여러 가지 의미 가운데 '분리하다'의 의미도 가지고 있으므로, 중국어에서 동사로 '벌리다' '가르다' 등의 의미를 가진 단어에서 부수로 쓰

---

* 음악을 관장하던 관리.

인다. 즉, 鴷은 나무를 찍는(벌리는) 새를 가리킨다. 또 특색 있는 동식물을 기록한 『이물지(異物志)』에는 '천목식두(穿木食蠹)', 즉 나무에 구멍을 내서 벌레를 먹는다는 설명이 있다.

서진(西晉)의 문학가 부현(傅玄)의 시구에는 '딱따구리가 높이 날고 딱딱 소리를 낸다[啄木高翔鳴喈喈].'라는 구절이 나오고, 송나라의 시인이었던 매요신(梅堯臣)은 「딱따구리[啄木]」라는 시를 짓기도 했다. 이처럼 고대 문학 작품에서 딱따구리의 명칭은 대체로 현대 중국어와 동일하게 '줘무[啄木]' 또는 '줘무냐오[啄木鳥]'로 나타난다. 줘[啄]는 '부리로 쪼다' '쪼아 먹다'를 의미하므로 '줘무냐오[啄木鳥]'는 '나무를 쪼는 새'라는 뜻이 되어 딱따구리를 쉽게 연상할 수 있다.

그림 7-3 숲 속의 딱따구리
ⓒ 조성덕

단지 하나의 새로만 딱따구리를 등장시킨 다른 시와 달리 진무제(晉武帝) 사마염(司馬炎)의 세 비(妃) 중 한 사람이자 시인인 좌분(左芬)이 쓴 「딱따구리 시[啄木詩]」는 조금 특별하다. 좌분은 문학적 재능이 있어 진무제와 문학에 관해 논하기도 했지만, 특별히 무제의 총애를 받지는 않았던 것으로 전한다. 좌분은 이렇듯 외롭지만 올곧게 살아가는 자신을 딱따구리에 비유해 시를 완성한다.

남산 숲에 새 한 마리,	南山有鳥,
이름 하여 딱따구리.	自名啄木.
배고프면 나무 쪼아 먹이 찾고,	飢則啄樹,
어두우면 둥지에서 잠이 드네.	暮則巢宿.
다른 이의 일은 간섭하지 말며,	無幹於人,
오직 자신의 의지대로 살아가네.	惟志所欲.
고귀한 품성은 명예이나,	性淸者榮,
혼탁한 품성은 수치이니.	性濁者辱.

딱따구리의 종류는 생김새에 따라 매우 다양하다. 등은 금빛의 누런색이고 발가락이 세 개인 진베이산즈줘무냐오[金背三趾啄木鳥: 황금등 세가락딱따구리]*, 목덜미에 노란 깃털이 있는 다황관줘

---

* '세가락딱따구리'의 명칭에 '황금등(金背)'은 필자가 덧붙임.

　　　　　　　　　　　　7장 | 딱따구리

무냐오[大黃冠啄木鳥: 큰노랑갈기딱따구리]*, 크기가 크고 깃털이 회색인 다후이줘무냐오[大灰啄木鳥: 큰잿빛딱따구리]** 같은 식으로 대체로 색깔과 부위를 직접적으로 설명하는 방식으로 명명하고, 이외에도 주로 대숲에 서식하여 竹(대나무 죽) 자를 붙인 '주줘무냐오[竹啄木鳥: 대나무딱따구리]'도 있다. 전 세계에는 217종의 딱따구리가 있으며, 중국에는 29종이 서식하고 있다.[6]

『본초강목(本草綱目)』에는 '줘무산[啄木散]'이라는 처방을 언급하고 있다. 딱따구리의 혀와 파두***를 섞어 충치와 치통을 치료하고, 고기를 약재로 하여 뇌전증****을 치료한다고 설명한다.

쇼토쿠 태자와 딱따구리 요괴

일본에서는 딱따구리를 '다쿠보쿠(たくぼく, 啄木)' '기쓰쓰키(きつつき, 啄木鳥)' '게라쓰쓰키(けらつつき)' 등으로 부른다.[9]

먼저 '다쿠보쿠(タクボク)'를 보면, 쪼을 탁(啄)과 나무 목(木)으로 이루어진 啄木의 한자 발음을 음독한 것임을 알 수 있다. 이에 비해 '기쓰쓰키(きつつき)'나 '게라쓰쓰키(けらつつき)'는 그렇지 않다는 점에서, 뜻으로 만들어진 훈독 용어임을 알 수 있다. 사

---

* 의미를 한국어로 직역함.
** 의미를 한국어로 직역함.
*** 대극과 상록 관목인 '파두'의 씨. 맛이 맵고 열성(熱性)의 독(毒)이 있는 약재.[7]
**** 경련을 일으키고 의식 장애를 일으키는 발작 증상이 되풀이하여 나타나는 병.[8]

전을 찾아보면 일본어 '쓰이바무(ついばむ)'는 '(새가) 쪼거나 쪼아 먹다'라는 뜻인데, '기쓰쓰키(きつつき)'의 '쓰쓰(つつ)'는 이 '쓰이바 무(ついばむ)'의 '쓰(つ)'에서 왔다고 한다. 잘 알다시피 새 중에서 나무를 가장 잘 쪼는 새가 딱따구리이니, 이름을 이렇게 지은 이 유가 이해되기도 한다.

한편 '게라쓰쓰키(けらつつき)'의 '게라(けら)'는 무슨 뜻일까 궁 금해진다. 사전에 따르면 '게라(けら)'는 곤충을 의미하며, 딱따구 리가 나무를 쪼아서 그 속에 있는 곤충을 포식하기 때문에 붙여 진 이름이라는 설이 있다.[10] 일본어로 벌레는 보통 무시(むし)라고 하는데 벌레를 '무시케라(むしけら)'라고도 한다는 점에서 게라(け ら)도 같은 뜻으로 쓰일 수 있음을 알게 된다. 한편 '기쓰쓰키'의 옛 이름 중에 '데라쓰쓰키(てらつつき)'가 있는데, 사찰이나 절을 의 미하는 '데라[寺]'를 '쫀다'는 점에서 나무로 된 절의 기둥을 자꾸 쪼아서 생긴 이름일까 싶기도 하다.

그런데 일본에는 실제 이 데라쓰쓰키와 관련된 요괴 이야기가 있다. 이 이야기는 6세기 일본의 유력한 군사 씨족의 우두머리였 던 모노노베 무로야[物部守屋]와 관련된 것이다. 6세기 무렵에 이 르러 한반도에서는 고구려가 세력을 강화하면서 남하하고, 백제 와 신라는 국내의 지배 체제를 견고하게 하면서 한반도 남부의 가 야를 공격하게 된다. 이런 상황에서 일본 규슈[九州]의 지방 세력 이 중앙 정부인 야마토[大和] 정권에 대항해 반란을 일으키자 야 마토 정권은 모노노베를 파견해 반란을 제압한다. 천황을 보좌하

7장 | 딱따구리

는 오무라지[大連, おおむらじ]의 벼슬이었던 모노노베는 백제의 왕이 전해준 불교를 도입하는 데 있어 반대파에 서면서, 불교를 수용하고자 했던 소가노 우마코(蘇我の馬子)와 대립하게 된다.[11] 이 요괴 이야기는 이러한 대립을 배경으로 하는데, 그 대략적인 내용은 다음과 같다.

데라쓰쓰키(てらつつき)는 도리야마 세키엔[鳥山石燕]의 요괴 동화집인 『곤자쿠 가즈조쿠 햣키[今昔画図続百鬼]』에 등장하는 요괴로서, 딱따구리와 비슷하게 생긴 괴이한 새다. 시텐노지[四天王寺]나 호류지[法隆寺]와 같은 절에 나타나 부리로 사찰의 건물을 파괴하려 했다고 전한다. 일본에서 예로부터 전래된 신들을 믿었던 모노노베 무로야가 쇼토쿠 태자[聖徳太子]와 소가노 우마코에게 토벌된 뒤, 데라쓰쓰키라는 원령이 되어 불법(佛法)을 얻는 것을 방해하기 위해 태자가 건립한 절을 파괴하려는 것으로 알려졌다. 가마쿠라 시대[鎌倉時代, 1185~1336]의 전쟁 이야기 「겐페이 조스이키[源平盛衰記]」에 의하면 쇼토쿠 태자가 매로 변해서 데라쓰쓰키에 대항했더니, 데라쓰쓰키는 다시는 나타나지 않게 되었다고 한다. 데라쓰쓰키의 정체는 붉은 딱따구리였다고 한다.[12]

우리말로 '그림책 백귀야행(百鬼夜行)'인 『가즈 햣키야코우[画図百鬼夜行]』는 1776년에 간행된 도리야마 세키엔의 요괴 동화집인데,[13] 『곤자쿠 가즈조쿠 햣키[今昔画図続百鬼]』는 그 속편이다. 이 책에 실린 삽화를 보면 가부좌를 틀고 있는 쇼토쿠 태자가 참선

을 하기 위해 모은 손에서 한 마리 새가 빠져나가는 장면이 그려져 있다.[14]

그림 7-4 『곤자쿠 가즈조쿠 햣키』(1779)에 수록된 데라쓰쓰키 요괴 삽화

앞서 언급한 바와 같이 모노노베 모리야는 불교를 배척하는 배불파(排佛派)였으며, 쇼토쿠 태자는 숭불파(崇佛派)였던 소가노 우마코를 도와 모노노베와 싸웠다. 이 싸움에서 결국 모노노베 측이 패배했고, 대호족이었던 모노노베는 결국 몰락했다.[15] 이런 배경을 통해 볼 때, 앞서 본 데라쓰쓰키 요괴 이야기는 쇼토쿠 태자에게 패한 모노노베의 원혼이 남아서 새로 변했다는 가정하에 지어진 이야기임을 알 수 있다. 이와 더불어, 지금은 일본에 절이 흔하지만 쇼토쿠 태자가 살았던 당시(6세기경)에는 불교에 배타적인 세력이 있었고, 그들과의 대립과 승리를 통해 일본에 불교가 정착되는 힘겨운 과정이 있었음을 알 수 있다.

7장 | 딱따구리

woodpecker, 나무 쪼는 새

딱따구리를 가리키는 영어는 woodpecker다. 영어 내에서 파생에 의해 이루어진 단어로, '나무 쪼는 새(wood[나무] + peck[쪼다] + -er[사람, 사물, 도구])' 정도로 이해할 수 있다. 1600년대에는 woodpicker라는 형태로 쓰이기도 했다.[16]

딱따구릿과[Picidae family]에는 다양한 새가 속해 있다. green woodpecker[청딱따구리, *Gecinus viridis*], great black woodpecker[큰까막딱따구리, *Picus martius* 혹은 *Dryocopus martius*]는 색상으로 명명한 것이고, pied woodpecker(혹은 greater spotted woodpecker)[오색딱따구리, *Dendrocopus major*], pileated woodpecker[도가머리딱따구리, *Hylotomus pileatus* 혹은 *Dryotomus pileatus*], hairy woodpecker[큰솜털딱따구리, *Picus villosus* 혹은 *Dendrocopus villosus*]는 생김새로 명명한 것이며, red-headed woodpecker[붉은머리딱따구리, *Melanerpes erythrocephalus*], golden-winged woodpecker[쇠부리딱다구리, *Colaptes auratus*]는 색상과 생김새로 명명한 것이다.

woodpecker는 미국과 호주에서는 기관총을 가리키는 군대 속어로도 쓰인다. "기관총을 발사할 건가요[Goin' to let the woodpeckers go off]?"[17]

딱따구리는 부리로 쪼는 행위를 함으로써 채집, 번식, 신호 전달을 하는데, 이때 충격으로 인한 뇌 손상을 방지하기 위해 상대적으로 작고 매끄러운 뇌, 좁은 경막하(硬膜下), 두개골 내부의 뇌

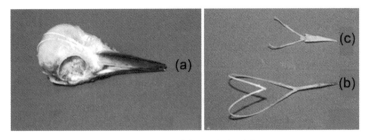

그림 7-5 딱따구리 머리와 설골의 해부학적 구조
(a) 오색딱따구리의 머리, (b) 오색딱따구리의 설골, (c) 유럽 후투티의 설골

척수액, 두개골 내 뇌의 방향, 매우 긴 설골(舌骨) 등 뇌를 보호하는 여러 가지 신체적 특징을 가지고 있다. 쪼는 행위 자체가 딱따구리의 두개골을 뜨거워지게 하므로 짧은 간격으로 쪼아 머리를 식힐 시간을 주고, 나무와 접촉하기 전 1,000분의 1초 동안 두꺼워진 순막(瞬膜)이 닫혀 날아오는 파편으로부터 눈을 보호한다.

딱따구리가 쪼는 행위를 하는 동안 두개골의 해면골과 부리의 유연성이 뇌를 보호해주는 데에서 엔지니어들이 영감을 얻어 블랙박스 제작에 활용했다. 비행기가 하늘에서 떨어질 때 블랙박스가 온전히 보존되어야 하는데, 딱따구리의 해부학적 구조에 착안한 보호장치로 인해 손상 저항이 60배 증가했다. 보호용 헬멧의 디자인도 영향을 받았다고 한다.[18]

　　　　　　　　　　　　　　　　　　　　　7장 | 딱따구리

딱따구리와 로마 신화

딱따구릿과 딱따구리종의 학명 중 *Picoides*, *Dendropicos* 등은 pico를 포함하고, *Picus martius*, *Picus apubescens*, *Picus villosus* 등은 picus를 포함해 pico와 picus 모두 딱따구리와 관련이 있음을 알 수 있다. Picus 또는 Pico(peak)는 로마 신화의 신, 신화 속 인물, 화성과 관련된 새인 딱따구리에 사용되는데, 스페인어, 포르투갈어, 이탈리아어 등에서는 Pico라고 하고, 영어를 비롯한 많은 언어에서는 Picus라고 한다.[19]

피쿠스는 새턴(Saturn)과 페로니아(Feronia)의 아들로 고대 라티움(Latium) 왕 중의 한 사람이다. 알바 롱가(Alba Longa)와 라우렌툼(Laurentum)이라는 마을을 세웠기 때문에 라티노(Latino) 왕과 로물루스(Romulus) 및 레무스(Remus)의 조상이기도 하다. 신화에서 그는 사냥을 좋아하고 카넨(Canens)의 님프와 결혼한 지도자로

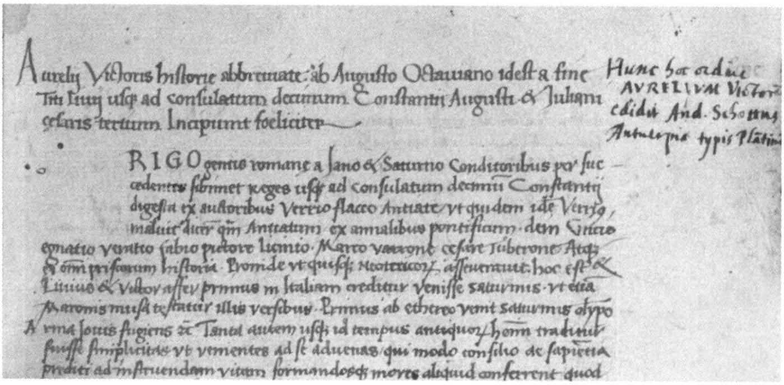

그림 7-6 『로마인의 기원[Origo Gentis Romanae]』의 시작 부분

묘사된다. 마술사 키르케(Circe)가 그에게 접근하기 위해 멧돼지로 변했다가, 피쿠스가 동물을 잡기 위해 무리에서 멀어졌을 때 다시 여자의 모습으로 돌아와 그를 유혹하려고 했다. 피쿠스가 키르케를 거절하자 키르케는 그를 청딱따구리로 만들었는데, 청딱따구리는 로마의 신성한 새[영조靈鳥]이며 야생에 버려진 소년인 로물루스와 레무스에게 음식을 가져다주어 그들이 살아남을 수 있게 했다.『로마인의 기원[*Origo Gentis Romanae*]』이라는 작품 중에도 이 전설을 언급한 로마 건국 기록이 하나 있다.[20]

7장 | 딱따구리

제 8 장

하늘 최고의 사냥꾼 · 매

조류 중 최고의 사냥꾼 '매'는 맷과[*Falconidae*]의 새를 통틀어 이르는 말로 매, 바다매, 쇠황조롱이, 황조롱이 등이 있다. 일반적으로 한국에서 매라고 하면 대개 '송골매'를 떠올리는데, 송골매는 수릿과[*Accipitridae*]에 속하는 '참매'와 구분하기 위해 '매'를 부르는 이름으로, 시력이 사람보다 약 12배 뛰어나며 비행 속도 및 비행 기술이 매속[*Falco*]의 조류 중에서도 최고로 꼽힌다.[1]

매는 먹잇감을 발견하면 빠른 속도로 날아 날카롭고 튼튼한 발톱으로 공중에서 먹이를 낚아채기도 하며, 급강하해 땅 위의 먹이를 덮쳐 움켜잡기도 한다. 과연 명실상부한 최고의 사냥꾼이다. 육식성 새이기 때문에 편의상 맹금류로 구분하는데, 종종 이에 속하는 매와 수리를 헷갈리기도 한다. 그러나 둘은 외모와 크기에서 차이가 있다. 매는 배에 흰 바탕에 검은색 줄무늬가 있고 크기도 수리에 비해 작다.

예로부터 매는 동서양에서 태양신으로 숭배되었으며, 부족을 대표하는 토템이었다. 모든 태양의 신들을 상징하며 하늘, 힘, 왕위, 고귀함을 나타낸다.[2] 동서양 어휘를 통해 매의 문화적 특성을 살펴보자.

송골매, 해동청, 보라매

조선 세조 때 간행된 한글 불교서적 『월인석보(月印釋譜)』에 '매'라고 기록되었으며, 한자로는 鷹(매 응)을 쓴다. 또한 예로부터 각응(角鷹), 골매(鶻매), 송골(松鶻), 송골매(松鶻매), 신우(迅羽), 해동청(海東青), 해청(海青) 등으로도 불렸다. 이 중 '송골'은 고려시대에 몽골어 šonqor에서 차용된 명칭이며, '해동청'은 사냥용 매의 일종으로, 일반적으로 송골매를 지칭하는 것으로 알려져 있는데, 보라매의 일종으로 보기도 한다. 특히 고려시대부터 우리나라에서 산출되는 해동청이 유명해 중국까지 이름이 알려졌다.[3] '신우'는 迅(빠를 신)과 羽(깃 우)를 결합해 빠른 속도로 나는 매의 특성을 반영한 이름이다. 지역에 따라 메, 새조리, 솔매, 조롱새 등으로 부르

그림 8-1 날카로운 부리와 발톱을 가진 매

그림 8-2 안악 1호분 널방 서벽 매사냥도

기도 한다.

총도 칼도 없던 아득한 고대부터 매를 길들여 사냥을 하는 '매사냥' 문화가 전해진다. 매사냥은 약 4,000~5,000년 전 중앙아시아에서 시작된 것으로 알려졌는데, 한국의 매사냥에 관한 가장 오래된 증거는 고구려 고분벽화(안악 제1호 무덤·감신무덤·삼실무덤, 장천 제1호 무덤)에서 찾아볼 수 있다.[4]

안악 1호분은 4세기 말로 편년되는 유적이므로, 벽화 속의 매사냥 역시 늦어도 이때쯤에는 고구려인에게 매우 익숙한 사냥 방법의 하나였음을 미루어 짐작하게 한다.[5] 또한 김종서(金宗瑞, 1383~1453) 등이 편찬한 『고려사절요(高麗史節要)』의 기록을 통해 고려시대에도 매사냥을 즐겼음을 알 수 있는데, 기록 일부를 살펴보면 다음과 같다.

정해 14년(1227) 12월, 어사대가 동네에서 집비둘기, 비둘기, 매, 새매 기르는 것을 금했는데, 그 이유가 공무에 영향을 미칠 정도로 자주 쟁송을 일으켰기 때문이다.

[十二月御史臺禁間里養鵓鴿鷹鸇以廢公務起事訟故也][6]

이처럼 고려시대에는 평민들까지도 관상용 및 사냥용 새에 관심이 높았음을 추측할 수 있다.[7]

조선왕조실록에서는 매사냥과 관련된 기록이 다수 등장하는데, 대부분 '매사냥을 하다' '매사냥을 구경하다'와 같은 내용이다. 또한 임금의 심신 단련을 위한 매사냥이나 명나라 및 청나라에 매를 진상한 기록 등이 전해지는데,『세종실록』일부를 살펴보자.

나는 늙고 또 한가한데, 철이 더워지면 매사냥도 할 수 없으니, 매사냥을 해서 꿩이나 잡고 편안히 들어앉아 여름을 날 생각이었다. 그러므로 오늘은 주상과 더불어 동교(東郊)에 나아가겠다.

[吾老且閑, 而時熱則海靑不可飛放也. 又須飛放獲禽, 而後乃可坐養經夏也. 故今日欲與主上幸東郊.][*]

---

* 『세종실록』세종 1년(1419) 4월 15일 기축 5번째 기사.

그림 8-3 김준근의 〈매사냥을 가고〉

상왕인 태종이 임금인 세종과 함께 매사냥을 나가고자 함을 전하는 기록인데, 이를 통해 매사냥은 자연에서 호매한 지기를 기르는 활달한 행락으로서 우리 선인들이 즐겨왔고, 일정한 제약 없이 산야를 자유롭게 뛰어다니는 스포츠로서 심신을 단련하는 데 손색이 없는 활동임을 알 수 있다.[8]

이처럼 궁중에서는 친목 도모와 심신 단련을 위해 매를 놓아 길렀으며, 양반들 역시 호연지기를 기르기 위해 매를 이용한 매사냥을 즐겼고, 백성들은 높은 상찬을 받으려고 매를 잡는 매사냥을 했다.[9] 매사냥은 '방응(放鷹)'이라고 했으며, 매를 길들여 사냥을 하는 전문 사냥꾼을 가리켜 조선시대 직책으로 '응사(鷹師)'라고 칭했는데, 이 명칭에서도 鷹(매 응) 자를 발견할 수 있다.

준수하고 꼿꼿하지만 마지못해 사냥하는 매

이처럼 누군가는 매사냥에 쓰일 매를 잡아야 했다. 『세종실록』에 함길도관찰사 정갑손(鄭甲孫)이 진상하기 위한 송골매의 수를 채우는 것이 어려워 백성들에게 피해를 준다고 '송골매 사냥의 폐단'에 대한 상소를 올렸는데,* 그 내용 중 송골매의 특성을 "송골매는 신기하고 준수한 희귀한 새로서, 성질이 꼿꼿하면서 먹이를 탐내므로 오기만 하면 반드시 잡히고 그냥 벗어나는 것이 거의 없습니다[松鶻, 神俊貴稀之物, 性直貪餌, 來則必見捕獲, 脫免者無幾]."라고 서술했다. 이처럼 매를 준수하고 꼿꼿하며 용맹무쌍한 성질을 가진 새로 인식했기에, 걸출한 인재를 매에 빗대어 표현한 사례가 많다. 특히 조선왕조실록에서는 이성계(李成桂)를 매로 비유한 다음과 같은 기록이 있다.

태조는 나면서부터 총명하고 우뚝한 콧마루와 임금다운 얼굴[龍顏]로서, 신채(神彩)는 영특(英特)하고 준수(俊秀)하며, 지략과 용맹은 남보다 월등하게 뛰어났다. 어릴 때 화령(和寧)과 함주(咸州) 사이에서 노

---

* 『세종실록』 세종 26년(1444) 9월 11일 병술 3번째 기사.

니, 북방 사람들로서 매[鷹]를 구하는 사람들이 흔히 말하기를, "이성계와 같이 뛰어나게 걸출(傑出)한 매를 얻고 싶다." 하였다.

[太祖生而聰明, 隆準龍顏, 神彩英俊, 智勇絶倫. 幼時遊於和寧, 咸州間, 北人求鷹者必曰: "願得神俊如李【太祖舊諱.】者."]*

속담에서도 매는 대체로 긍정적인 의미로 나타나지만, 속담 자체의 의미는 비아냥에 가깝다는 것이 흥미롭다. 예를 들어 '매를 꿩으로 보다.'는 사나운 사람을 순한 사람으로 잘못 봄을 뜻하는 말로, 매를 성질이 사나운 사람에 비유했다. 반면, '매를 솔개로 본다.'는 잘난 사람을 못난 사람으로 잘못 봄을 뜻하는 말로, 매를 걸출한 사람에 비유했다. 그 밖에 '매가 꿩을 잡아주고 싶어 잡아주나!'는 매사냥에서 비롯된 속담으로, 마지못해 남의 부림을 당하는 처지를 비유적으로 이르는 말이다. 또한 '매 꿩 찬 듯'은 남을 시기하고 질투하여 몸을 떠는 모양을 나타내며, '매 앞에 뜬 꿩 같다.'는 막다른 위기에 처해 있는 신세를 뜻한다.

앞서 언급한 바와 같이 매는 날카로운 발톱을 가졌다. 이런 특성을 식물의 형태에 적용해 이름에 '매발톱'을 결합한 경우가 몇몇 있다. 대표적인 예가 매발톱나무와 매발톱꽃이다. 매발톱나무는 잎에 바늘 같은 톱니가 있어 그 뾰족한 형태가 마치 매의 발톱과 같다 하여 붙여진 이름이다. 이보다 잎이 좀 더 큰 것은 '왕매발톱

* 『태조실록』 총서 28번째 기사.

그림 8-4 매발톱꽃
ⓒ 조성덕

나무'라고 부르며, 가시가 더 큰 '섬매발톱나무'도 있다. 매발톱나무는 한 송이 크기가 1센티미터를 넘지 않는 작고 예쁜 노란 꽃을 피운다.

매발톱꽃은 여러해살이풀인데, 겹쳐 핀 꽃잎 중 밑부분의 뾰족한 잎이 매의 발톱을 연상시켜 이런 이름을 갖게 되었다. 이 밖에 우리나라 산에서 자라는 야생화 '하늘매발톱'도 있다.

네이멍구의 경찰특수부대는 하이둥칭[海東青]

자유와 힘(세력) 그리고 용맹과 승리를 상징[10]하는 매는 현대 중국어에서는 '잉[鷹]'이라고 한다. '잉[鷹]'은 형성자로, 글자의 기본 구성은 아래쪽 '鳥(새 조)'가 의미를 나타내고, 위쪽 '잉[雁]'은 발음 (소리)을 나타내는 부분이다. 발음을 나타내는 '잉[雁]'은 고대에 매를 불렀던 명칭이기도 하다.

중국에서 매는 시장[西藏], 신장[新疆], 네이멍구[內蒙古], 칭하이[青海] 그리고 산시[陝西]에 주로 분포하고 있으며,[11] 창잉 [蒼鷹], 췌잉[雀鷹], 츠푸잉[赤腹鷹], 하이둥칭[海東青] 등 매목 [Falconiformes]에 속하는 다양한 종류의 조류가 있다. 이 가운데 췌잉[雀鷹]과 츠푸잉[赤腹鷹]은 우리나라에서 각각 새매와 붉은배새매로 불리는데, 췌[雀, 참새 작]는 참새 또는 작은 새를 의미하고 츠푸[赤腹]는 붉은 배라는 의미이므로, 의미가 유사한 명칭이 붙었다. 그리고 하이둥칭[海東青]은 바다의 동쪽에서 날아온 푸른빛의 새라는 의미다.[12] 매를 이용해 사냥하는 것을 '잉례[鷹獵]'라고 하는데, 하이둥칭[海東青]은 요금(遼金)시대에 황가(皇家) 전용의 사냥매였다.

청나라 때 이르러서는 '잉례[鷹獵]'가 만주족의 정식 직업이 되기도 했는데, 매사냥꾼을 '잉서우[鷹手]' 또는 '잉바스[鷹把式]'라고 불렀다.[13] 중국 지린시[吉林市]에는 잉툰[鷹屯]이라는 마을이 있는데, 잉례[鷹獵] 문화를 보호하고 전승하는 기지로 지정되었다. 이곳에서는 매 조련사를 양성하며 잉례[鷹獵] 문화를 계승하고 있다.[14]

중국의 또 다른 지역에서는 매의 명칭인 하이둥칭[海東青]을 경찰특수부대의 명칭으로 사용하고 있다. 바로 네이멍구 후룬베이

얼시[內蒙古呼倫貝爾市]에서 말을 타고 초원을 누비는 하이동칭치 징두이[海東青騎警隊]다. 이곳은 관광객이 많아서 차들로 혼잡하기 때문에 효율적으로 일을 처리하기 위해 말을 타고 다닌다. 위험한 상황에 즉시 출동해 도움을 주고 치안 서비스를 담당한다. 이 특수부대 명칭에 하이동칭[海東青]을 사용한 것은 사냥하는 매처럼 충성과 용맹함을 가지고 날렵하게 도움을 주기 위한 의미라고 한다.[15]

중국어 단어 가운데 전투에 쓰이는 비행기나 군함(軍艦)에 '잉[鷹]' 자가 공통적으로 등장한다. 전투기를 비유적으로 일컫는 말이 '인잉[銀鷹]'인데, 직역하면 '은(빛) 매'다. 또 고대의 군함을 매와 배를 합쳐서 '잉추안[鷹船]'이라고 했다. 매가 사냥을 할 때 사냥감을 쏘아보다가 잽싸게 잡아채는 모습과 매가 가진 용맹함과 승리의 상징이 전투기와 전함에 투사된 단어다.

매가 사냥에 사용되었던 만큼 '사냥'을 의미하는 단어에도 매가 자주 나타난다. 그중 팡잉주취안[放鷹逐犬]은 '매를 풀고' '개를 쫓게 하다.'를 합쳐 사냥을 가리키는 말이고, 또 페이잉저우거우[飛鷹走狗]도 매를 날리고 개를 쫓게 한다는 의미로, 역시 '사냥하다'가 된다. 한국어에서도 '주구(走狗)'라는 단어는 사냥할 때 부리는 개를 의미한다. 이외에 사냥의 의미에서 광의적으로 쓰이게 된 표현도 있다. 젠투팡잉[見兔放鷹]은 '토끼를 발견하고 매를 풀다.'라는 의미로, 필요한 시기에 즉각적으로 행동하는 것을 말한다.

사람들은 예리하고 날카로운 모습의 매를 보면 대체로 무서움

과 흉악한 이미지를 떠올리게 된다. 그래서 사람의 모습과 인상이 그와 같이 매서운 경우를 표현하는 단어에도 매가 자주 나타난다. 잉비야오옌[鷹鼻鷂眼]은 매의 코와 눈을 말하고, 잉주이야오무[鷹嘴鷂目]는 매의 부리와 눈을 가리킨다. 두 표현 모두 간사하고 흉악한 외모나 인상을 의미한다.

또, 매와 함께 다른 동물을 조합해서 표현하기도 한다. 잉터우췌나오[鷹頭雀腦]는 매의 머리와 참새의 두뇌를 합쳐 용모가 추하고 교활한 사람을 묘사하고, 어후지잉[餓虎饑鷹]은 배고픈 호랑이와 굶주린 매라는 의미로, 흉악하고 탐욕스러운 사람을 가리킨다. 잉취안사이투[鷹犬塞途]는 '(악당의) 앞잡이들이 길에 가득하다.'라는 말인데, 사냥을 하는 매와 개가 앞잡이로 표현되고 있다.

그림 8-5 광둥성 쯔진현의 매 모양 바위

매 모양의 바위

중국에는 자연적으로 형성된 4대 기석(四大奇石)이 있는데, 그 가운데 하나가 광둥성 쯔진현[廣東省紫金縣]에 위치한 남모사(南母寺)라는 절 근처 산천에서 발견된 '중화선잉[中華神鷹]'이라는 매 모양의 기석이다.

자연 기석이 매의 모양을 가

진 것 자체도 특별하지만, 이처럼 중국 사람들이 매를 특별시하는 이유는 중국의 많은 소수민족이 예로부터 매를 숭배했기 때문이다. 만주족과 위구르족은 매를 토템으로 삼아 조상과 같이 여겼고, 몽골족은 가장 용맹스럽고 민첩한 기수(騎手)를 '슝잉[雄鷹: 용맹한 매, 용사]'이라고 불렀는데, 같은 용어를 카자흐족은 그들이 존경하는 걸출한 인물에게 사용했다.

무가(武家)의 상징, 매의 문양

일본에서는 매를 '다카(たか)'라고 부르고, 한자로는 鷹으로 표기한다.[16] 일본에서 매는 다카목(たか目)에 속한 새 가운데 소형종의 총칭이며, 대형종인 와시(わし: 독수리, 鷲)와 구분이 쉽지 않다고 한다. 독수리와 비교한다면, 일반적으로 날개와 꼬리의 폭이 좁고 날개 끝이 뾰족한 것이 특징이다. 아울러 부리는 휘어져 있고 발톱은 갈고리 모양이며, 보통 주행성으로 새나 여타 동물을 잡아먹는 맹금류의 새다.[17] 일본 열도 전체에 서식하며, 초원, 사막, 삼림, 해안 등 폭넓은 환경에서 산다. 단독으

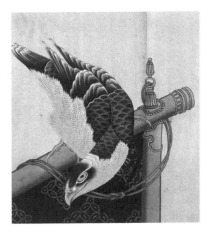

그림 8-6 호쿠사이의 매

8장 | 매

로 살거나 무리를 지어 생활하며, 하늘을 날 때는 상승 기류를 타면서 선회하는 등 날갯짓을 하지 않고 비행한다. 먹이를 잡을 때는 상공에서 포획물을 탐지한 뒤 지면으로 급강하한다. 먹이로 삼는 것은 곤충, 갑각류, 어류, 파충류, 포유류, 조류 등 다양하다.[18]

우리의 신석기시대에 해당하는 일본의 조몬시대[繩文時代] 유적에 매의 뼈가 발굴되었다고 하며, 이로써 당시 일본 사람들이 매를 식용한 것을 추정할 수 있다. 아울러 매의 분변은 '다카노 쿠소(たかのくそ, 鷹矢白)'로 불리며 의약품으로 사용되었는데, 헤이안시대[平安時代]의 의약서인 『혼조와묘[本草和名]』에도 기재되어 있다. 에도시대[江戸時代]의 우키요에 화가인 가쓰시카 호쿠사이[葛飾北齋]가 집 안에서 기르는 매를 그린 작품이 있는데, 이를 통해 일본에서 매는 집에서 기를 만큼 친숙한 새였음을 알 수 있다.[19]

한편, 일본 봉건시대에 지역을 다스리던 가문의 상징 문장인 가몬[家紋, かもん]에 매의 깃 모양 문양이 있다. 이 문양의 이름은 '이노우에타카노하[井上鷹の羽]'라고 하는데, 매의 깃털을 모티브로 한 것이다. '이노우에타카노하'는 일본의 5대 가문의 문양인 '고다이몬[五大紋]' 가운데 하나다. 이노우에[井上] 가문 외에도 매의 날개

그림 8-7 이노우에타카노하

혹은 깃털 무늬를 사용한 가문은 많이 보이는데, 무예를 숭상하는 상무(尙武)적인 의미를 가진다는 점에서 무가(武家)에서 주로 사용했다고 한다. 그리고 그 모양을 보면 매의 깃털이 한 개인 것과 두 개인 것 혹은 깃털이 갈라지거나 접힌 것 등 다양하다.[20]

지조의 상징, 매

매와 관련된 일본의 속담 중에 '다카오 키지토 미마치가우[雉鷹を雉と見間違う]'라는 말이 있다. 이 말을 직역하면 '매를 꿩으로 보다.'인데, 의미인즉 사나운 매를 얌전한 꿩으로 잘못 보았다는 것이다.[21] 일상을 살아가다 보면, 겉으로 볼 때는 온순해 보이지만 막상 겪어보면 사나운 성격을 가진 사람임을 알게 되는 경우가 있다. '다카오 키지토 미마치가우'는 바로 그런 경우에 사용되는 말이다. 이 말은 '매의 사나움'을 표현한 것으로 볼 수 있다. '매를 꿩으로 보다.'는 우리나라 속담에도 있는데, 한국이나 일본에서 서로 전해진 것인지 아니면 자생적으로 동시에 생긴 말인지 궁금한 생각이 든다.

한편 이런 사나움이 아닌, 매가 가진 '능력'이나 '지조(志操)'와 같은 긍정적인 이미지를 채택한 표현도 있다. 그중에서 우선 '노우아루 타카와 쓰메오 카쿠스[能ある鷹は爪を隱す]'를 들 수 있다. 이 말은 '재주 있는 매는 발톱을 감춘다.'고 옮길 수 있는데, 재주가 있는 사람은 자신의 재능을 과시하지 않는다는 의미다.[22] 일반적으로 재능이 있는 사람들은 자신의 재능을 과시하는 경향이 있는데, 그럼에도 그것을 감춘다는 것은 겸손하면서도 신중한 성격이라 할 수 있겠다. 다음으로 '다카와 우에테모 호오 쓰마즈[鷹は飢えても穗を摘まず]'라는 말이 있다. 이 말을 직역하면 '매는 굶주려도 이삭을 쪼아 먹지 않는다.'인데, 의미인즉 '지조가 있는 사람은 아무리 곤궁한 형편에 처해도 부정한 이익을 추구하지 않는다.'이다.[23] 이 말은 곧 우리말의 '호랑이는 굶어도 풀을 뜯지 않는다.'와 통한다고 생각되는데, 지조의 상징으로 한국에서는 호랑이를, 일본에서는 매를 선택한 것이 흥미롭다. 중국 문학의 고전인 「이소(離騷)」의 작가 굴원(屈原) 역시 절개와 지조를 가진 고결한 인물로서 자신을 매에 비유한 바 있는데, 매가 가진 강직하고도 강인한 이미지로 인해 그러한 상징을 부여한 듯하다.

hawk와 falcon

매의 영어 표현은 hawk와 falcon이다. hawk는 맷과[Falconidae family]에 속하는 새를 가리키지만, 『자연사[Natural History]』에서는 둥글고 짧은 날개로 육지 근처의 먹이를 쫓는 해동청[Accipitrinae sub family]으로만 제한하고, 길고 뾰족한 날개로 높이 날아오르는 송골매[Falconinae sub family]는 제외했다. falcon은 특히 다른 새나 사냥감을 사냥하도록 훈련받은 암컷 매를 가리킨다. 수컷은 암컷에 비해 몸집도 작고 추격에도 덜 적응되었으며 tercel 또는 tiercel

이라고 부른다.

『옥스퍼드영어사전』에 따르면, hawk의 어원은 게르만어 *hab uko-z*이며 *hafukr*와 고대 고지 독일어 *habuh, hapuh*, 중세 고지 독일어 *habech, habich*, 고대 영어 *habuc, heafoc*의 변화를 거쳐 지금의 영어 hawk가 되었다. 고대 영어의 hafoc, heafoc, heafuc, 중세 영어의 hauek, heauek, havek, havec, hauck, 중세에서 1600년대까지의 영어 hauk, hawke, 중세에서 1500년대까지의 halk, 1600년대의 haulk 등 영어에서도 다양한 이형태가 쓰였으며, 1600년대 이후부터는 hawk가 쓰였다.

falcon는 프랑스어 faucon에서 차용된 표현이다. 후기 라틴어 *falcōnem, falco*에서 고대 프랑스어 *faucon, falcun*를 거쳐 중세 영어에서 *faucon*로 쓰였다. 이형태를 살펴보면, 중세 영어의 faukun, faucoun, faukon, faukoun, facoun, 중세에서 1600년대까지의 영어 faucon, 1500년대에서 1700년대까지의 faulcon이 있으며, 중세 이후 현재까지의 falcon 등이다.

비유적으로 맹금류의 성격에서 파생된 다양한 의미로도 쓰인다. 즉, 다른 사람을 먹잇감으로 삼는 사람, 탐욕스러운 사람, 명민하고 욕심이 많은 사람, 범죄자를 물고 늘어지는 법관 등의 의미로도 쓰이며, 정치에서는 온건파(비둘기파)의 반대 개념으로 무력과 전쟁을 선호하는 강경파(매파)의 의미로 쓰인다. "만약 그가 …… 공작을 자신의 편으로 끌어들일 수 있다면 에드워드 왕은 그 자신의 최고 호크 중의 하나를 상실할 것이다[If he might

8장 │ 매

··· allure the duke to his partie, that kyng Edward should be destitute, of one of his best Hawkes]."[24] 이 의미로 쓰이는 war hawk 혹은 hawk 라는 용어는 1810년 영국과의 전쟁 가능성을 놓고 의회에서 논쟁이 벌어졌을 때 존 랜돌프(John Randolph) 하원의원이 헨리 클레이(Henry Clay)가 이끄는 전쟁 지지 세력을 war-hawks라고 부르면서 유래된 것으로 알려져 있다.[25]

hawk를 포함한 표현을 살펴보자. pap이 아기나 동물 새끼를 위한 부드러운 음식이나 죽 같은 반액체 음식을 뜻하므로 pap-hawk는 모유를 먹는 새끼 매라는 의미다. hawk-feet는 앞에서 언급한 매발톱꽃의 영어 표현이며, hawk-nose는 매의 부리처럼 휘어진 코, 즉 매부리코를 의미한다. make-hawk는 1575~1891년에 사용됐던 표현으로, 어린 매를 훈련시키는 데 이용되는 숙련된 매를 의미한다. "make-hawk는 훈련 중에 어린 매[eyess]를 가르치거나 격려하기 위해 함께 날게 하는 경험 많은 노련한 매다[Make-hawk, an old experienced hawk flown with an eyess, when training, to teach it or encourage it]."[26] hawk's eye는 매의 눈처럼 날카롭고 예리한 눈을 의미하며, hawk-eye는 일반적으로 Hawk-eye로 쓰고 Hawk Eye로도 쓰는데 카메라 여러 대가 장착된 컴퓨터 시스템을 가리킨다. jack-hawk는 수컷 매를 가리키고, hawky는 매처럼 탐욕스러운 성격을 의미한다. hawkbill은 매가 아니라 거북이의 일종이므로 주의가 필요하다.

falcon은 맹금류 암컷 매라는 의미 외에도, 고대의 가벼운 대포

라는 의미로도 쓰인다. "왕실 창고에서는 …… 팰콘들, 즉 가벼운 6파운드 무게의 야포(野砲)들을 제공했다[The royal stores furnished … falcons, or light six-pound field-pieces]."[27] gentle falcon은 본래는 암컷 송골매를 가리켰으나 후에 make-falcon으로 이용하기 위해 길들여지거나 훈련된 falcon 또는 hawk를 가리키게 됐다.

이집트 신화와 매

고대 이집트에서 매는 왕의 새이며 신화에 많이 등장한다. 라 (Ra), 호루스(Horus), 콘수(Khonsu), 몬투(Montu), 세케르(Seker) 등의 신과 관련이 있다.

태양신 라는 종종 hawk나 falcon의 모습으로 묘사되며 하늘, 땅, 지하세계(저승) 전부를 다스렸다. 하늘의 신 호루스는 국가 수호신이며, 일반적으로 이집트 왕국 전체에 대한 왕권의 상징인 프센트(pschent), 즉 빨간색과 흰색 왕관을 쓴 falcon 머리의 남자로 묘사되어 있다. 콘수는 Chonsu, Khensu, Khons, Chons로도 알려져 있는 고대 이집트의 달의 신으로, hawk나 falcon의 모습, 혹은 falcon의 머리를 가진 사람으로 묘사되어 있다. 몬투는 고대 이집트의 전쟁의 신으로 Mentu, Mont, Ment라고도 알려졌다. 다른 신들과 마찬가지로 falcon 머리를 한 남자로 묘사되지만, 머리 장식에 달린 두 개의 큰 깃털로 인해 다른 신들과 구별된다. 후기 왕조에서는 가끔 황소 머리를 한 남자로 묘사되기도 했다. 세케르는

그림 8-8 매의 형상을 가진 이집트의 신들, 왼쪽부터 호루스, 콘수, 몬투, 세케르

아테프(atef)* 왕관을 쓰고 머리가 falcon인 남자로 묘사되며, 보통 매의 미라로 묘사되기도 한다. Sokar, Sokaris, Socharis로도 표기 된다. 장인(匠人)과 관련이 있으며 은 세공으로 유명하고, 지하세 계에서는 악을 행하는 자들을 처벌한다고 알려져 있다.[29]

---

* 이집트의 왕이 전쟁 때 쓰고 나가는 관. 두 장의 타조 날개와 태양을 상징하는 원 반이 달려 있다.[28]

제 9 장

화려한 깃털을 입고 사람의 말을 하는 · 앵무새

앵무새는 앵무목 조류에 대한 총칭으로, 사람의 말을 따라 할 줄 알고 지능이 높은 것으로 유명하다. 유희의『물명고』에는 앵무새에 관해 "부리가 붉고 주둥이는 갈고리처럼 굽었으며, 꼬리가 길고 발은 붉으며, 눈동자는 금빛인데, 혀가 마치 어린아이와 같아서 말을 할 수 있다."[1]고 기술되어 있다. 실제로 앵무새의 지능은 두세 살 아이와 비슷한 수준이며, 혀의 구조 또한 사람과 비슷하다고 한다. 화려한 색의 깃털을 뽐내는 앵무새는 주로 열대 지방이나 태평양, 뉴질랜드에 서식하며 한반도에는 서식하지 않는다. 그러나 현재는 한국에서도 반려조(伴侶鳥)로 큰 인기를 얻고 있다. 동서양 언어 속에 나타난 앵무새에 대한 인식을 살펴보자.

암컷과 수컷이 어우러져 '앵무'

앵무새는 한자로 鸚鵡로 표기되는데, 암컷을 앵(鸚)이라 하고 수컷을 무(鵡)라 하여 이로부터 '앵무'라는 이름이 생겨난 것으로 보인다. 또한 앵가(鸚哥, 鸚䳡), 앵무(鸚鵡), 팔가(八哥), 팔팔아(八八

그림 9-1 예로부터 사람들의 사랑을 받은 앵무새
© 조성덕

兒)라고 불리기도 했지만 정확한 어원은 알려진 바가 없다. 보통
새 이름은 울음소리와 관련된 것이 더러 있는데, 앵무새 또한 그
울음소리에서 이러한 명칭이 생겨난 것이 아닐까 추측해본다. 한
편, 우리에게 익숙한 명칭인 '잉꼬'는 앵가(鸚哥)라는 한자를 일본
어[인코いんこ]로 읽은 이름으로, 주로 크기가 작은 앵무새를 가리
킨다.

조선 후기 중국에 사신으로 다녀온 일을 기록한 '연행록(燕行
錄)'들에서 처음 본 앵무새를 신기해하는 우리 조상들의 일화를
볼 수 있다. 다음은 저자 미상의 연행록『계산기정(薊山紀程)』에 실
린 시다.

철사로 된 새장 속의 붉은 앵무새는   鐵絲籠裡紅鸚鵡
사람의 말 배워서 손님 옴을 기뻐하네   學得人言訴客來*

다음은 조선 철종 때 서경순(徐慶淳)이 청나라를 다녀온 기록인
『몽경당일사(夢經堂日史)』에 실린 글이다.**

"기조(奇鳥)와 이금(異禽)이 수없이 많은데 어떤 것은 철망으로 가둬놓
고, 어떤 것은 목가(木架)에 매어놓았습니다. 그런데 그중에 홍앵무(紅鸚
鵡)의 색깔이 가장 곱고, 남송압(南松鴨)은 생김새가 앵무와 같으나 작으
며 사람의 말을 잘하는데, 그 성음(聲音)의 곡절(曲折)에 따라 혀를 놀리
는 것이 두 살 된 아이가 처음으로 말을 배우는 것 같았습니다." 하므로,
나는 말하기를, "기이하구나, 못 본 것이 한(恨)이다."

[奇鳥異禽. 不啻千百. 而或籠以鐵網. 或縶以木架. 而其中紅鸚鵡色最鮮. 南松
鴨形如鸚鵡. 而小能爲人語. 其聲音之曲折轉舌如數歲兒初學語. 余曰. 異哉. 恨
未見也.]***

---

* '연행록선집(燕行錄選集)' 『계산기정(薊山紀程)』 권3.²
** 두 기록은 모두 연행록의 일부분으로 『계산기정』은 조선 순조 때 동지사의 서장
관 서장보(徐長輔)를 따라 북경(당시는 연경燕京이라 함)을 다녀온 저자 미상의 사행 기
록이며, 『몽경당일사』는 철종 때 진위진향사(陳慰進香使)의 종사관(從事官)으로 북경
에 다녀온 서경순의 기록이다.
*** '연행록선집(燕行錄選集)' 『몽경당일사(夢經堂日史)』 편4.³

위의 기록에서도 알 수 있듯이 앵무새의 화려하고 다채로운 깃털의 색은 조선 사람들에게 매우 이색적이고 신비로운 모습으로 다가왔을 것이다. 특히 당시 한반도에는 앵무새가 자연적으로 서식하지 않았기 때문에 그 독특한 외모는 큰 호기심을 불러일으키기에 충분하다. 게다가 사람의 말을 모방하는 모습까지 본다면, 당시 사람들은 앵무새의 지능과 능력에 놀라움을 금치 못했을 것이다. 이러한 감정이 위 기록에서 고스란히 나타난다. 특히『몽경당일사』에서 서경순은 하인과의 대화를 통해 앵무새에 관해 자세히 묘사하고 있으며, 마지막 부분에서는 "기이하구나, 못 본 것이 한이다."라고 언급하며 앵무새를 직접 보지 못해 아쉬운 감정을 솔직하게 드러내고 있다.

또한 연암 박지원이 이서구(李書九)에게 쓴 앵무새에 관한 기록도 찾을 수 있다. 그중 일부를 살펴보면 다음과 같다.

낙서(洛瑞: 이서구)가 푸른 앵무새를 얻었는데, 지혜로울 듯하다가도 지혜로워지지 않고 깨우칠 듯하다가도 깨우쳐지지 않기에, 새장 앞으로 가서 눈물을 흘리며, "네가 말을 못하면 까마귀[烏鴉]와 무엇이 다르겠느냐. 네 말을 알아들을 수 없으니 나야말로 동이(東夷)로구나 하니, 갑자기 앵무새의 총기가 트였다. 이에『녹앵무경(綠鸚鵡經)』을 짓고 나에게 그 서문을 청해왔다.

[洛瑞得綠鸚鵡. 欲慧不慧. 將悟未悟. 臨籠涕泣曰. 爾之不言. 烏鴉何異. 爾言不曉. 我則彛 彛一本作夷 矣. 於是忽發慧悟. 乃作綠鸚鵡經. 請序於余.]*

9장 | 앵무새

그림 9-2 이서구를 '앵무새 덕후'로 만든 초록 앵무새
© 조성덕

위 기록에서 언급된『녹앵무경(綠鸚鵡經)』은 연암의 제자 중 하나인 이서구가 북경에서 수입한 푸른 앵무새를 접한 것을 계기로, 영조 46년(1770)에 앵무새에 관한 각종 문헌 기록들을 모아 편찬했다는 책인데, 현재는 전해지지 않는다.

이서구는 17세 정도 되었을 때 북경에서 들여온 초록 앵무새에 흠뻑 빠지게 되었다. 위 기록에서 이서구는 자신의 푸른 앵무새가 스스로 말을 하거나 사람의 말을 알아듣지 못함에 한탄하고 있다. 이에 답답하기도 했을 법한데, 도리어 중국에서 수입된 앵무

---

* 『연암집(燕巖集)』 권7「녹앵무경서(綠鸚鵡經序)」.[4]

새이기에 중국어를 하는 앵무새의 말을 자신이 동이(東夷), 즉 조선인이라서 알아듣지 못한다는 자조적(自嘲的) 태도를 보인다. 이 얼마나 따뜻하고 귀여운가! 어쨌든 결국에는 앵무새의 말문이 트였다니 다행이다.

속담과 신조어 속 앵무새

한국어에서 앵무새와 관련된 속담 및 관용구는 많지 않다. 이는 앵무새가 예로부터 흔한 새가 아니었기 때문으로 추측할 수 있다. 많지 않은 속담 중 '앵무새는 말 잘하여도 날아다니는 새다.'가 있다. 이는 앵무새가 비록 사람의 흉내를 내서 말을 잘할지라도 하늘을 나는 새에 불과하다는 뜻으로, 말만 잘하고 실천이 조금도 따르지 않는 사람을 비꼬는 말로 사용한다. 또한 '말은 앵무새'도 이와 비슷한 뜻으로, 역시 말은 그럴듯하게 잘하나 실천이 없는 사람을 이르는 표현이다. 즉, 앵무새가 사람의 말을 단순히 반복한다는 점에서 자신의 생각이나 비판적 판단이 없으며, 단순히 말만 잘하는 사람으로 비유함을 알 수 있다.

한편, 요즘 자주 들리는 신조어 중 '~무새'가 있다. 이 '~무새'는 앵무새에서 비롯된 표현이다. 앵무새의 가장 큰 특징은 사람이 한 말을 아무 이유도 없이 뜻도 모른 채 기계적으로 따라 하는 것이다. 이 같은 앵무새의 특성을 반영해 첫 음절의 '앵'의 자리에 이런저런 의미의 단어를 넣은 '~무새'는 어떤 말이나 행동을 반복적으로 하는 사람을 일컫는 말이다. 더 나아가 고지식하게 특정 가치관에 집착하거나 특정 사상을 일관되게 주장하는 사람을 가리키는 말에도 쓰인다. 친한 사이에 농담조로 자주 하는 말이지만 다소 부정적인 의미일 수밖에 없고 때로는 일종의 비하어로 사용되기도 한다.[5] 예컨대, '껄무새'는 주식 투자에서 '그때 살걸' '그때 팔걸' 등 '~할걸'이라는 말을 자주 하는 사람을, '떨무새'는 주식이 떨어지든 오르든 그럴 줄 알았다며 뒷북치는 사람을 비유적으로 표현한다. 이처럼 앵무새는 사람 말을 따라 해 사랑받지만, 앵무새의 그러한 특성을 사람에게 비유한 표현은 예나 지금이나 모두 부정적으로 사용됨을 알 수 있다.

어린아이처럼 말을 하는 새, 잉우[鸚鵡]

중국어로 앵무새는 '잉우[鸚鵡]'라고 하는데, '잉[鸚]'은 嬰(어린아이 영)과 鳥(새 조)가 조합된 글자로, 어린아이처럼 간단하게 말을 할 수 있는 새[6]라는 의미다. 명칭에서 앵무새의 특징을 잘 반영하고 있다. 앵무새는 사람처럼 통통한 혀를 가지고 있어 말을 할 수 있는데, 어릴 때부터 훈련을 시켜야 한다.[7]

앵무새가 중국에 전해진 시기는 한무제(漢武帝) 때라 하는데, 『한서(漢書)』에는 "남쪽 지역에서 헌납해 온 능히 말을 할 줄 아는 새"라고 나온다. 또 『예기(禮記)』에는 "앵무는 능히 말을 할 줄 아는데, 날아다니는 새와 더불어 다니지 않고, 성성(猩猩)이와 같이

능히 말을 하고, 금수(禽獸)와 어울리지 않는다."라고 쓰여 있다.[8]

중국이 원생지인 앵무새의 명칭을 살펴보면, 대체로 외형을 묘사하면서 그중 특정한 부위의 형태나 깃털의 색을 강조해 붙여진 것이 많다. 화터우잉우[花頭鸚鵡]는 머리 전체는 대체로 분홍색을 띠고 머리의 뒷부분에는 남보라색이 섞여 있는데, 몇 가지 색이 섞여 있어 이를 花(꽃 화) 자를 사용해 명명했다. 후이터우잉우[灰頭鸚鵡]도 머리색을 강조하는데, 어두운 회색과 연한 남색이 섞인 앵무새다. 훙링뤼잉우[紅領綠鸚鵡]는 직역하면 붉은색 목의 초록 앵무새인데, 특히 목 부위의 특징을 살린 명칭이다. 이 앵무새는 목에 목걸이를 두른 것처럼 붉은색 줄이 있고, 몸은 초록색이다. 이외에도 가슴 부위 깃털 색을 중심으로 이름 붙인 다즈슝잉우[大紫胸鸚鵡]는 가슴에 자줏빛과 푸르스름한 잿빛이 섞인 털을 가졌고, 페이슝잉우[緋胸鸚鵡]는 가슴에 주홍색 털을 가진 앵무새다. 꼬리가 길고 짧음에 따라 붙여진 창웨이잉우[長尾鸚鵡]와 두안웨이잉우[短尾鸚鵡]라는 이름도 있다.

녹색 옷을 입은 사자(使者)

당나라 수도 장안에 제일가는 부호(富豪)인 양승의(楊崇義)라는 사람이 있었다. 양승의는 붉은 부리와 초록색 깃털을 가진 앵무새를 키웠는데, 똑똑한 앵무새는 사람의 말을 곧잘 따라 했다.

한편 양승의의 부인 유씨(劉氏)와 이웃집 이감(李弇)은 몰래 사

그림 9-3 양귀비와 앵무새

통(私通)하고 있었는데, 어느 날 양승의가 잔뜩 술에 취해 집으로 돌아왔을 때, 두 사람은 그를 살해했다. 주위에 아무도 이를 본 사람이 없었고, 앵무새만이 그 현장을 목격했다. 유씨는 남편이 돌아오지 않는다고 관청에 알렸고, 관청에서 유씨 집을 찾아와 조사를 했지만 별다른 단서를 찾지 못했다. 그때 앵무새가 "유씨 이씨 죽였다."라고 말했고, 그리하여 그들은 관청에 잡혀가게 되었다. 현령(縣令)은 이 사건을 조정에 알렸고, 당현종(唐玄宗)은 앵무새에게 녹의사자(綠衣使者)라는 벼슬을 내렸다.[9]

말을 따라 할 수 있는 앵무새의 특징은 언어 표현에서도 나타

그림 9-4 앵무수공형옥식(鸚鵡首拱形玉飾)

그림 9-5 밀현요진주지앵무문침(密縣窯珍珠地鸚鵡紋枕)

난다. 사자성어 가운데 잉우쉐위[鸚鵡學語]는 '앵무새가 말을 배우다.'라는 말로, 속뜻은 '주관 없이 남이 말하는 대로 따라 말하는 것'이다. 또 잉우넝옌[鸚鵡能言]은 직역하면 '앵무새도 말을 할 수 있다.'인데, 말이 새어나갈 수 있으니 주의해야 한다는 의미다. 이외에도 마오스잉우[貓噬鸚鵡]는 '고양이가 앵무새를 물다.'라는 의미의 사자성어로, 속뜻은 선량한 사람을 내쫓는다(배척하다)는 것이다. 어떤 사람이 쥐를 잡으려고 고양이를 사 왔는데, 고양이가 쥐는 잡지 못하고 주인이 아끼는 앵무새를 잡아먹었다는 고사에서 유래한 성어다.

중국 당나라 현종(玄宗)의 비(妃)였던 양귀비도 흰색 앵무새를 키웠는데, 그 앵무새가 죽은 후 무덤을 만들어주고 잉우중[鸚鵡塚]이라 이름도 붙여주었다고 한다.

이처럼 작고 귀여운 앵무새는 여러 새 가운데에서도 사람들이 좋아하고 많이 키우는 새였던 것으로 보인다. 이를 증명하듯, 고대 다양한 시대의 여러 문물에서 앵무새 문양이 자주 발견된다. 〈그림 9-4〉는 춘추시대 유물로 앵무새 머리 모양의 장식이 달린 아치형 옥 장신구[鸚鵡首拱形玉飾]이며, 〈그림 9-5〉는 당나라 때 유물로 앵무새 문양을 넣은 베개[密縣窯珍珠地鸚鵡紋枕]다.*

일본 앵무새는 오우무(おうむ)일까, 인코(いんこ)일까

일본에서는 앵무새를 '오우무(おうむ)'라고 부르고, 한자로는 鸚鵡로 표기한다.[10] '오우무'는 한자 鸚鵡(앵무)를 음독한 것으로 보인다. 아울러 '오우무' 외에 '패로트(パロット)'를 쓰기도 하는데,[11] 이 역시 영어 parrot을 발음대로 표기한 것이다. 일본에서는 앵무새를 '인코(いんこ)'라고 부르기도 하는데, 한국에서도 역시 '잉꼬'라고 부르기에 친숙하다. '인코(いんこ)'는 '鸚哥(앵가)'라는 한자어를 일본어 발음으로 표기한 것이다.[12]

그런데 여기서 의문이 하나 생긴다. 같은 한자 '앵(鸚)'을, 왜 鸚鵡[오우무]에서는 '오우(おう)'라고 읽고 鸚哥[인코]에서는 '인(いん)'이라고 읽는가 하는 것이다. 그 해답은 바로 일본의 한자 발음의 역사에 있다. 즉 일본 한자음의 경우 중국으로부터 전래된 시기

---

* 유물 이름의 '진주지(珍珠地)'는 도기 무늬 장식의 하나다.

에 따라 오음(吳音: 오나라에서 전래), 한음(漢音: 한나라에서 전래), 당음(唐音: 당나라에서 전래)으로 나뉘는데, 오음(吳音)이 가장 이른 시기이고 당음(唐音)이 가장 늦은 시기다. '앵(鸚)'의 경우를 보면 오음(吳音)은 '요우(よう)', 한음(漢音)은 '오우(おう)', 마지막으로 당음(唐音)은 '인(いん)'이다.[13] 이를 통해 '오우무(おうむ)'는 한음(漢音)을 따른 것이고, '인코(いんこ)'는 당음(唐音)을 따른 것임을 알 수 있다.

그림 9-6 에도시대 말기부터 메이지시대 초기에 활약한 화가 고우노 바이레이[幸野楳嶺]의 화집 『바이레이카초가후[楳嶺花鳥画譜]』(1893) 속 앵무새

일본에서 사용되는 앵무새 관련 표현으로 '오우무가에시[鸚鵡返し, おうむがえし]'가 있다. '가에시[返し]'의 返는 '돌아올 반'으로서, '오우무가에시[鸚鵡返し]'는 곧 사람이 한 말을 앵무새가 똑같이 따라 하는 것을 의미한다. 이 표현의 용례로 '오우무가에시니 아이즈치오 우쓰[鸚鵡返しに相づちを打つ].'가 있는데, 의미는 '앵무새처럼 맞장구치다.'이다.[14]

그런데 '오우무가에시[鸚鵡返し]'는 원래 일본의 전통 음악인 와카[和歌]에서 쓰였던 말이다. 상대방으로부터 받은 단카[短歌]에

9장 | 앵무새

서 한두 글자를 바꾸어 답가(答歌)를 만들어 부르는 것을 '오우무가에시[鸚鵡返し]'라고 한 것이다. 그리고 이 말은 나중에 의미가 확장되어, 술자리에서 상대방이 부어준 잔을 조금 마시고 곧바로 넘기는 것도 이르게 되었다.[15]

한편, 일본의 전통극인 가부키[歌舞伎]에서 주요 배역이 물러설 때 화려한 몸짓을 하거나 능숙한 몸짓을 한 뒤 세 번째 역이 이 몸짓을 그대로 따라 해 관객을 웃게 만드는 연출을 '오우무(鸚鵡)'라고 하는데,[16] 이로써 볼 때 앵무새와 관련된 표현은 말을 따라 하거나 동작을 따라 할 때 사용되고 있음이 확인된다.

참고로, 우리가 흔히 말하는 '잉꼬부부'는 일본어 단어인 '인코(いんこ)'와 '부부'를 합친 말인데, 이 말은 정작 일본에서는 사용되지 않는다고 한다. 서로 사이가 좋은 부부를 일본에서는 '오시도리 부부(おしどり夫婦)'라고 하며, 여기서 오시도리는 '원앙'이다. 원앙은 금슬이 좋은 부부를 상징하기에 우리나라에서도 '원앙부부'를 사용하는 것이 옳을 텐데, 우리의 언어생활에서는 '잉꼬부부'라는 말이 더 많이 쓰이는 듯하다.[17] 그 이유는 잘 모르겠지만 혹시 '잉꼬'라는 말의 어감이 예뻐서 그런 것은 아닐까?

도쿄의 애물단지가 된 앵무새들

그런데 이런 앵무새가 도쿄 일부 지역에서는 소란의 주범이 되었다고 한다. 그 사건 내용은 앵무새 무리가 도쿄 인근의 주택가에 수년 전부터 떼 지어 나타나, 그곳에 사는 주민들이 소음으로 잠을 설치고 있다는 것이다. 기사가 나온 2019년뿐만 아니라 2021년에도 앵무새 수천 마리가 도쿄에 살고 있다는 점에서,[18] 앵무새의 거대한 출몰이 일본에서는 일종의 사회문제가 되고 있는 듯하다.

그런데 앵무새 무리가 그렇게 많아진 것은 무엇 때문일까? 그 이유로는 사람들이 집에서 애완용으로 기르던 앵무새들을 포기하고 유기하는 바람에 새들이 야생에서 서식하게 되었기 때문으로 추정하고 있다. 관련된 영상을 보면, 수많은 앵무새들이 전깃줄을 점거(?)하고 있는 모습이 나오는데, 녹색의 새들이 떼로 모여 있는 모습이 이채로우면서도 낯설어 보인다.[19]

과유불급(過猶不及)이라고 했던가. 아름다운 새를 대표하는 앵무새 역시 사람의 통제를 벗어나 수많은 무리가 되면 문제가 된다는 점에서, '한계를 벗어난 미(美)'는 오히려 '추(醜)'가 될 수도 있겠구나 하는 생각도 든다.

parrot, parakeet, cockatoo, lory

앵무새의 영어 표현은 parrot, parakeet, cockatoo, lory 등으로 다양하다. parrot은 가장 일반적인 표현이다. 흔히 잉꼬라고 불리는 parakeet은 원래 parrot이었는데, 현재는 작거나 중간 크기이면서 일반적으로 꼬리가 길고 녹색 깃털을 가진 앵무새를 가리킨다.

cockatoo는 머리에 흰색, 회색 혹은 검은색 닭 벼슬 모양의 깃털을 가진 오스트레일리아와 인도네시아 동부가 원산지인 앵무새를 가리키고, lory는 찬란한 빛깔의 깃털을 가지고 동남아시아, 오스트레일리아, 그 인근 섬들에 서식하는 앵무새를 가리킨다.

대부분의 parrot은 앵무과[*Psittacidae* family]에 속하며, parakeet은 앵무과 중 *Psittacula*, *Aratinga*, *Pyrrhura* 등의 속에 속한다. 현재 cockatoo는 *Cacatuidae* family[과]로 분류하고 lory는 *Loridae* family로 분류한다.

『옥스퍼드영어사전』에 따르면, parrot의 어원은 불명확하나 프랑스어 *Perrot*, 그 이형태 *Pierrot*에서 유래한 것으로 추측된다. 다만 남성 이름인 *Perrot*이 1752년 이전에는 앵무새라는 의미로 기록된 것이 없으므로 *perroquet*(parakeet)의 단축어였을 것이다. parakeet의 어원은 다양하다. 프랑스어 *perroquet*, 이탈리아어 *parrocchetto*, 스페인어 *periquito*에서 차용됐다. cockatoo의 어원은 네덜란드어 *kaketoe*이며, lory의 어원은 *lūī*로 말레이어에서 차용됐다.

이형태를 살펴보면, parrot은 1500년대에는 parate, paret, parott, parotte, parrote, parrotte 등이 쓰였고, 1500년대부터 1600년대까지는 parat과 parot, 1500년대부터 1700년대까지는 parrat과 parret 등의 이형태가 쓰였으며, parrot은 1500년대 이후 현재까지 쓰이고 있다.

parakeet의 이형태는 세 부류로 구분된다. 프랑스어 어원의 경우 1500년대에는 parroket, 1600년대에는 parocket, 1600년대부터 1800년대까지는 perroquet, 1700년대에는 parraquet, 1700년대 이후 현재까지 paroquet가 쓰이고 있다. 이탈리아어 어원의 경우 1500년대에는 parakitie, 1500년대부터 1600년대까지는 paraquito, 1600년대에는 parachito, 1600년대부터 1700년대까지는 paraquetto가 쓰였다. 스페인어 어원의 경우 1600년대에는 parakeete, 1600년대부터 1700년대까지는 parakite, 1600년대부터 현재까지 parakeet, 1700년대에는 paroqueet, 1700년대부터 1800년대까지는 parokeet, 1700년대 이후 현재까지 parrakeet이 쓰이고 있다.

cockatoo은 크게 다섯 계통의 이형태가 있다.

첫째는 cacatoes(복수, 1600년대), cokatoe(1700년대), cockatoe(1700~1800년대), cocatoo(1700년대 이후), kakatoo(1800~1900년대)이고, 둘째는 cockatoon(1600년대)이며, 셋째는 crockadore(1600~1700년대), cocatore(1700년대), cocadore(1800년대)이고, 넷째는 cockatooa(1600년대), cocatoa(1600~1700년대)이며, 다섯째는 cacadu(1700년대)다(일부만 나열함).

lory는 1600년대에는 lourey, 1700년대에는 laurey, 1700년대부터 1800년대까지는 loory, 1800년대에는 loeri, 1700년대 이후 현재까지는 lory가 쓰이고 있다.

앵무새는 그 이미지와 특성에서 연상되는 여러 가지 의미로 쓰이고 있다. parrot은 앵무새처럼 끊임없이 혹은 반복적으로 수다를 떨거나 험담하는 것을 의미하기도 한다. parrot teacher는 예전에는 공허하거나 의미 없는 문구를 반복하는 사람을 가리켰지만, 지금은 앵무새가 말하도록 훈련시키는 사람을 가리키며, parrot-fashion은 기계적이거나 반복적인 방식 혹은 암기 학습 방식을 가리킨다. parrotbeak는 kaka-beak[*Clianthus puniceus*]처럼 앵무새의 부리와 비슷하게 생긴 꽃을 피우는 다양한 식물을 가리킨다. 이외에, cockatoo는 오스트레일리아어 속어로 불법 활동에 종사하는 이들이 배치한 망보는 이를 가리킨다. 오스트레일리아와 뉴질랜드 구어에서는 소규모 농장에서 일하는 농부를 가리키기도 하는데, 초기에 농부들이 단기간에 소규모의 땅을 경작하며 계속 이동한 것이 앵무새가 먹이를 먹는 방식과 비슷하다고 인지한 데서 비롯됐을 것이다.

국가와 민족주의 상징이 된 앵무새

앵무새는 국가와 민족주의의 상징으로도 사용된다. 한 가지 예로, 시세로 앵무새[Sisserou parrot, *Amazona imperalis*]는 "도미니카의 자존심[The Pride of Dominica]"이다. 시세로 앵무새는 도미니카 연방의 열대 우림이 원산지이기 때문에 주로 열대 우림, 높은 고도에서만 볼 수 있으며, 짝을 이룬 후에는 평생 서로에게 충실하다고 한다.

도미니카공화국 국기는 녹색 배경에 노란색, 검은색, 흰색 줄무

그림 9-7 도미니카공화국의 국기(좌)와 문장(우)

늬 십자가가 배치되어 있는데, 중앙 빨간색 원반에 녹색 별 10개
로 둘러싸인 시세로 앵무새가 있다. 문장에도 시세로 앵무새가 등
장한다. 'Apres Bondie C'est La Ter'라는 문구가 새겨져 있는데, 이
는 농업을 기반으로 하는 경제와 함께 섬에서 토양의 중요성을 강
조한 말이다. 중앙은 십자가 형태의 네 부분으로 나누어진 방패로
디자인되어 있는데, 좌측 상단은 도미니카의 검은 화산 토양 위에
자라는 코코넛 나무이고, 우측 하단은 잘 익은 열매가 달린 완전
히 성장한 바나나다. 우측 상단은 크라포(crapaud: 두꺼비)가, 좌측
하단은 카리브 해를 항해하는 카누가 그려져 있다. 은색과 파란색
의 화환은 검은 바위산 위에 서 있는 황금 사자와 시세로 앵무새
를 지지자로 하는 디자인이다.[20]

앵무새는 문학에도 등장한다. 이솝 우화에는 '앵무새와 고양이
[The parrot and the cat]' 편이 있고, 『이상한 나라의 앨리스』에는
Lory가 앨리스와 나이를 두고 논쟁을 벌이는 장면이 나온다.

9장 | 앵무새

참고 문헌

| 1장 |

1 나무위키 '까치'.

2 나무위키 '견우와 직녀' 참고.

3 우리말샘.

4 네이버 지식백과 '까치'.

5 손지봉, 「한중(韓中) 설화에 나타난 까마귀·까치의 이미지 고찰」, 『포은학연구』 27: 142, 포은학회, 2021.

6 한국고전종합DB.

7 한국고전종합DB.

8 우리말샘.

9 『고려대한국어대사전』, 고려대학교민족문화연구원, 2009.

10 『한국민족문화대백과』, 국립민속박물관.

11 https://dictionary.goo.ne.jp/word/%E9%B5%B2%E3%81%AE%E9%8F%A1/#jn-40096.

12 https://dictionary.goo.ne.jp/word/%E9%B5%B2%E3%81%AE%E6%A9%8B/#jn-40097.

13 https://ja.dict.naver.com/#/entry/jako/a034b35c87d140cb8ba3d57eea94505f.

14 https://ja.wikipedia.org/wiki/%E3%82%AB%E3%82%B5%E3%82%B5%E3%82%AE.

15 https://www5e.biglobe.ne.jp/~elnino/Folder_Associates/Folder_Clubs/Clb_Morinomiya.htm.

16 https://ja.wikipedia.org/wiki/%E5%90%89%E5%A3%AB.

17 https://kusennjyu.exblog.jp/12989076.

18 https://iss.ndl.go.jp/books/R100000001-I053962331-00.

19 https://ja.wikipedia.org/wiki/%E7%AB%8B%E8%8A%B1%E5%AE%97%E8%8C%82.

20 https://www.oed.com.

21 Murray, James A. H., [et al.]. 1904. *A New English Dictionary on Historical Principles*, Oxford: Clarendon Press.

22 Prior, Helmut, Ariane Schwarz, and OnurGüntürkün. 2008. "Mirror-Induced Behavior in the Magpie (*Pica pica*): Evidence of Self-Recognition." *PLOS Biology* 6 (8): 1642~1650. (https://doi.org/10.1371/journal.pbio.0060202).

23 이용숙, "로시니, 도둑까치[Rossini, La gazza ladra]", 클래식 명곡 명연주(2013. 06. 11) https://terms.naver.com/entry.naver?docId=3576628&cid=59000&categoryId=59000.

24 https://en.wikipedia.org/wiki/Magpie.

| 2장 |

1 우리말샘.

2 채희영, 『참새가 궁금해?』, 자연과생태, 2019, 14쪽.

3 한국민족문화대백과사전 '참새'.

4 네이버 지식백과, 한국민족문화대백과사전 참고.

5 하정승, 「고려후기 한시에 나타난 새의 이미지와 문화적 의미」, 『동방한문학』 61: 43~45, 2014의 내용을 정리 및 요약.

6 中國社會科學院語言硏究所, 『現代漢語詞典(第7版)』, 商務印書館, 2016, p. 865.

7 『고려대한국어대사전』, 고려대학교민족문화연구원, 2009.

8 위의 책.

9 https://ja.dict.naver.com/#/entry/jako/35f0f7c18875496eb2dfc3430654c36e.

10 https://ja.wikipedia.org/wiki/%E3%82%B9%E3%82%BA%E3%83%A1.

11 https://ja.dict.naver.com/#/search?range=example&query=%E9%9B%80%E3%81%AE%E6%B6%99%E3%81%BB%E3%81%A9%E3%81%AE%E6%9

C%88%E7%B5%A6.

12 https://ja.dict.naver.com/#/entry/jako/c826859213254fe49bfcc2d90c4ce9fa.

13 https://www.aozora.gr.jp/cards/000329/files/18378_12098.html.

14 김응교, 「한국 '흥부전'과 일본 '혀 잘린 참새(舌切雀), 그리고 문화 교육」, 『인문
   과학』 41: 109, 2008 참고.

15 이은희, 「다자이오사무[太宰治]의 오토기조시[お伽草紙]의 패러디 연구―「혀
   잘린 참새[舌切雀]」를 중심으로」, 『일본문화연구』 9: 245~260, 동아시아일본학
   회, 2006 참고.

16 Healey, Michael, Travis V. Mason, and Laurie Ricou. 2009. "hardy/
   and unkillable clichés": Exploring Meanings of the Domestic Alien, *Passer
   domesticus. Interdisciplinary Studies in Literature and Environment* 16(2):
   281~298 (https://doi.org/10.1093/isle/isp025).

17 Jordan, Denham. 1892. *Within an Hour of London Town among Wild Birds and
   Their Haunts.* London: William Blackwood and Sons. p. 59.

18 *Zigzag*, August 4/1, 1977.

19 *Good Words* 20, 1879. p. 739.

20 https://www.greekmythology.com/Olympians/Aphrodite/aphrodite.html.

21 https://www.theoi.com/Olympios/AphroditeTreasures.html#Animals.

22 "The Meaning of Sparrows in the Bible" (https://hymnsandverses.com/sparrow-
   bible-meaning/#:~:text=Overall%2C%20sparrows%20in%20the%20Bible,and%20
   trust%20in%20God's%20provision.

| 3장 |

1 최은주, 「독수리의 상징에 관한 이론적 고찰과 사례 연구」, 『학교상담 및 모래
   놀이』 2021(3): 28, (사)한국학교공공모래놀이학회.

2 이은경, 「러시아의 쌍두독수리 상징: 문화의 혼종성에서 국가의 정체성으로」,
   『슬라브학보』 38: 106, 한국슬라브·유라시아학회, 2023.

3 우리말샘.

4 한국민족문화대백과사전 '독수리'.

5 현승환, 「제주도의 본풀이와 민담의 교섭양상―삼두구미본을 중심으로」, 『탐

라문화』35: 27, 탐라문화연구원, 2009; 최은주, 앞의 논문, 31쪽.

6   한국고전종합DB.

7   한국고전종합DB.

8   한국민족문화대백과사전 '독수리'.

9   표준국어대사전 '수릿과'.

10   藏地陽光(陽光探秘-青藏高原上的禿鷲文化) (https://zangdiyg.com).

11   정재남, 『중국 소수민족 연구』, 한국학술정보(주), 2007, 188쪽.

12   https://ja.dict.naver.com/#/search?query=%E9%B7%B2%20%E9%B7%B9.

13   https://serai.jp/hobby/225584.

14   https://www.suntory.co.jp/eco/birds/encyclopedia/detail/1400.html.

15   http://palimpsest.jugem.jp/?eid=192.

16   https://ja.dict.naver.com/#/entry/jako/c402c911b9404d059269eb5711807
     6e4.

17   https://ja.dict.naver.com/#/entry/jako/a9e02c5b11ad49c0aa4741365ba82
     6f1.

18   https://ja.dict.naver.com/#/entry/jako/24cec96ee9694f71ae40156bf267f6
     7c.

19   https://imidas.jp/proverb/detail/X-02-C-03-1-0005.html.

20   https://www.oed.com.

21   Jobling, James A. 2010. *The Helm Dictionary of Scientific Bird Names*. London:
     Christopher Helm, p. 81 (https://www.wikipedia.org).

22   Hazard. 1909. "Around Philadelphia", *The American Golfer*, 1909(3): 124~128.

23   Par Golf Pro: https://www.pargolfpro.com/what-is-an-eagle-in-golf.

24   https://www.gotquestions.org/Bible-eagle.html.

| 4장 |

1   김연숙, 「"어디서 온 거니" … 센트럴파크에 등장한 원앙에 뉴욕 떠들썩」, 『연
     합뉴스』(2018. 11. 3).

2   과학학습콘텐츠 '우리나라 텃새, 원앙' (https://smart.science.go.kr).

3   국립생물자원관, '부부 금실의 상징, 원앙' (https://blog.naver.com/nibr_

bio/222457005945).

4 한국학중앙연구원 향토문화전자대전.

5 한국고전종합DB.

6 https://ja.wikipedia.org/wiki/%E3%82%AA%E3%82%B7%E3%83%89%E3%83%AA#cite_note-fn1-2.

7 http://www.cec-web.co.jp/column/bird/bird110.html.

8 https://hyogen.info/word/6776805.

9 https://ja.dict.naver.com/#/entry/koja/bf9cf5eff3e34d3d9a433becdb755f75.

10 https://ja.dict.naver.com/#/entry/jako/ce27cf70fbd444b7bc6f79182f9f7072.

11 https://part-tanjikan.mhlw.go.jp/navi/cases/case_0128.

12 www.oed.com.

13 *Encyclopædia Britannica*. 3rd ed., Vol.I, p.664/1. Edinburgh: Printed for A. Bell and C. Macfarquhar, 1797~1801. 20 vols.

14 Lever, Christopher. 2013. *The Mandarin Duck*. Kindle Edition. Berkhamsted: T. & A.D. Poyser (https://books.google.co.kr/books?hl=en&lr=&id=VR7SBAAAQBAJ&oi=fnd&pg=PP7&dq=%22THE+MANDARIN+DUCK%22&ots=4dMShuLSTn&sig=kCvriR4BveGFu8hA3SGCjJvTAnw&redir_esc=y#v=onepage&q&f=true)

15 www.britannica.com/art/Mandarin-porcelain.

16 *Encyclopædia Britannica*. 3rd ed., Vol.I, p.664/1. Edinburgh: Printed for A. Bell and C. Macfarquhar, 1797~1801. 20 vols.

| 5장 |

1 김중순, 「한국문화원류의 해명을 위한 문화적 기호로서 '새'의 상징」, 『한국학논집』 56: 226, 계명대학교 한국학연구원, 2014.

2 우리말샘.

3 한국민족문화대백과사전 '오리'.

4 한국민족문화대백과사전 '오리토기'.

5 한국고전종합DB.

6   한국고전종합DB.

7   한국고전종합DB.

8   한국고전종합DB.

9   하영삼,『한자어원사전』, 도서출판3, 2021, 515쪽.

10   『현대중한사전』, 교학사.

11   표준국어대사전.

12   https://ja.dict.naver.com/#/entry/jako/b4c7f70b1c154115b1b4aaab72d93e2c.

13   https://gogen-yurai.jp/kamo.

14   http://www.eonet.ne.jp/~shoyu/mametisiki/edo-reference16d.html.

15   https://ko.dict.naver.com/#/entry/koko/0f01e65782cb4bd29befc44c889071
0d.

16   https://imidas.jp/idiom/detail/X-05-X-06-7-0008.html.

17   https://atarashiikotoba.com/?p=13729.

18   https://kotowaza-dictionary.jp/k0692.

19   편집부,「椋鳩十 年譜」,『한국아동문학연구』3: 105, 한국아동문학학회, 1994
참고.

20   https://iss.ndl.go.jp/books/R100000002-I000002084000-00.

21   이재철,「韓日兒童文學交流와 두 사람의 作家: 椋鳩十(무쿠 하토쥬)와 金聖
道」,『한국아동문학연구』3: 13, 한국아동문학학회, 1994 참고.

22   https://art-tags.net/manyo/animal/kamo.html.

23   임성철,「만요슈(萬葉集)의 자연소재조사분석: 화조풍월(花鳥風月)의 조(鳥)를
중심으로」,『外大語文論集』제18집, 釜山外國語大學校 語文學硏究所, 2003,
3~5쪽 참고.

24   https://www.uniguide.com/duck-meaning-symbolism-spirit-animal.

25   https://en.wikipedia.org/wiki/Donald_Duck.

| 6장 |

1   우리말샘.

2   김서린·성종상,「전통 원림에 도입된 비둘기 완상 문화」,『한국전통조경학회
지』39(3): 4, 한국전통조경학회, 2021.

3 「흰 비둘기 88개막때 첫선」, 『경향신문』(1988. 8. 2).

4 김서린·성종상, 앞의 논문, 2쪽.

5 한국고전종합DB.

6 우리말샘.

7 竇文宇·竇勇, 『漢字字源』, 吉林文史出版社, 2005.

8 東日百科: 鴿子品種大全 (http://www.drzn668.com/post/118946.html).

9 殷鸿·張惠萍, 『吃得明白 活得健康』, 湖南科學技術出版社, 2018.

10 肖楓·許俊霞, 『食物是最好的醫藥: 實用金版』, 黑龍江科技出版社, 2015.

11 『解放日報』(1988. 10. 4).

12 두산백과 '서하' 참고.

13 https://ja.dict.naver.com/#/entry/koja/fbd942d730654b18b01ec300e37
   6c354.

14 https://ja.wikipedia.org/wiki/%E3%82%AD%E3%82%B8%E3%83%90
   %E3%83%88.

15 https://proverb-encyclopedia.com/two/kyuugou.

16 https://skawa68.com/2021/12/30/post-61904.

17 한국경학자료집성.

18 https://zrr.kr/MCf4.

19 https://zrr.kr/um1F.

20 *A Supplement to Mr. Chambers's Cyclopaedia, Universal Dictionary of Arts and
   Sciences.* 1st ed. 2 vols. 1753.

21 Greene, Robert. 1592. *A Disputation, Betweene a Hee Conny-Catcher, and
   a Shee Conny-Catcher Whether a Theefe or a Whoore, Is Most Hurtfull in
   Cousonage, to the Common-Wealth.* 1st ed. 1 vol. EEBO Editions, Michigan:
   ProQuest.

22 *New York Times Book Review.* March 21, 1993. 10/1.

23 *National Police Gazette* (U.S.). January16, 1847. 149/2.

24 *San Francisco Chronicle.* November17, 1986, 1/2.

25 https://en.wikipedia.org/wiki/Columbidae에서 정리.

| 7장 |

1 한국민족문화대백과사전 '딱따구리'.

2 나무위키 참고.

3 우리말샘.

4 「조항범 교수의 어원 이야기」, 『문화일보』(2019. 5. 24). (https://www.munhwa. com/news/view.html?no=2019052401033806000001).

5 변종현, 「金時習 漢詩 研究」, 『漢文學報』 18: 210, 우리한문학회, 2018.

6 胡加付·溫俊寶·駱有慶, 「大斑啄木鳥研究現狀」, 『安徽農業大學學報』 35(3), 2008.

7 우리말샘.

8 표준국어대사전.

9 https://ja.dict.naver.com/#/entry/koja/944655e1173348cc81929a6158672c 7b.

10 http://www.nihonjiten.com/data/45785.html.

11 石井進 外, 『高校 日本史』, 山川出版社, 2010, pp. 26~27.

12 https://ja.wikipedia.org/wiki/%E5%AF%BA%E3%81%A4%E3%81%A4%E 3%81%8D.

13 https://ja.wikipedia.org/wiki/%E7%94%BB%E5%9B%B3%E7%99%BE%E9 %AC%BC%E5%A4%9C%E8%A1%8C#%E9%96%A2%E9%80%A3%E9% A0%85%E7%9B%AE.

14 https://youkaiwikizukan.hatenablog.com/entry/2013/03/09/162639.

15 https://ko.wikipedia.org/wiki/%EC%87%BC%ED%86%A0%EC%BF%A0_ %ED%83%9C%EC%9E%90.

16 OED (www.oed.com) 참고.

17 Parker, J. H. 1898. *History of the Gatling Gun Detachment* [개틀링 총 분대에 관한 역사]. Kansas City, MO: Press of The Hudson-Kimberly Publishing Co. p.127.

18 'Woodpecker' 정리 (https://en.wikipedia.org/wiki/Woodpecker).

19 https://www.hermesinstitut.org/en/apuntes-sobre-la-relacion-entre-el-pajaro-carpintero-y-marte; https://www.wikidata.org/wiki/Q235724.

20 "REX PICUS, MYTH AND LEGENDS"(RomeAndArt.eu: https://www.romeandart.eu/en/art-pico-circe.html).

다른 버전의 이야기도 있다. 위키피디아 "Romulus and Remus" 항목을 참고하라. (https://en.wikipedia.org/wiki/Romulus_and_Remus#Origo_Gentis_Romanae).

| 8장 |

1   김기선 「한·몽 매의 어원과 상징성 연구」, 『몽골학』 28: 81, 한국몽골학회, 2010.

2   이봉일·김미경, 「매와 매사냥의 역사와 어휘 연구」, 『비평문학』 65: 200, 한국비평문학회, 2017.

3   한국고전종합DB.

4   김기선, 앞의 논문, 88쪽.

5   전호태 「고구려의 매사냥」, 『역사와경제』 91: 4, 부산경남사학회, 2014.

6   이봉일·김미경, 앞의 논문, 202쪽.

7   위의 논문, 202쪽.

8   한국민족문화대백과사전 '매사냥'.

9   이봉일·김미경, 앞의 논문, 203~204쪽.

10 張鋒·李萍, 「鷹的起源與演化」, 『生物進化 EVOLUTION』, 2019, p. 46.

11 袁樂學, 『食品雕刻』, 西北工業大學出版社, 2015, p. 162.

12 曹保明, "從大海之東飛來的珠青色之鳥", 「東北鷹獵的傳奇家族」, 『中國民族』, 2007, p. 33.

13 姜廣義, 「試析滿族鷹獵文化之流變」, 『滿族研究』, 2023, p. 119.

14 「中國首个鷹猎文化保护传承基地在"鷹屯"建立」, 央視網 (2012. 2. 14).

15 「本周人物: 草原騎警隊, 他們都是"海東青"」, 央廣網 (2023. 9. 2).

16 https://ja.dict.naver.com/#/entry/koja/a8e9ef97a51d4a5790deff20e747086c.

17 https://kotobank.jp/word/%E9%B7%B9-559055.

18 https://ja.wikipedia.org/wiki/%E3%82%BF%E3%82%AB%E7%A7%91.

19 https://ja.wikipedia.org/wiki/%E9%B7%B9.

20 https://irohakamon.com/kamon/taka/inouetakanoha.html.

21 https://ja.dict.naver.com/#/entry/koja/034e5fb4fac0431cbcd46d621c466

ce8.

22 https://ja.dict.naver.com/#/entry/jako/69c68e4d34f44a17899d92344405 6e16.

23 https://ja.dict.naver.com/#/entry/jako/fbf3b65c2e8b4ae1a50f62242b2ed dc2.

24 Hall, Edward. 1548. *The Union of the Two Noble and Illustre Families of Lancastre and Yorke*. 1st ed. plus variant. London: In Officina Richardi Graftoni Typis Impress. 1 vol.

25 Ammer, Christine Parker. 1999. *Fighting Words: From War, Rebellion, and Other Combative Capers*. Chicago: National Textbook Company Publishing Group. p. 156.

26 Harting, James Edmund. 1891. *Bibliotheca Accipitraria: A Catalogue of Books Ancient and Modern Relating to Falconry, with Notes, Glossary and Vocabulary*. London: B. Quaritch.

27 Grant, James. 1849. *Memoirs and Adventures of Sir W. Kirkaldy of Grange*.

28 우리말샘.

29 "Hawks in Egyptian Mythology" (https://thebirdgeek.com/hawk-names-in-mythology; en.wikipedia.org).

| 9장 |

1 유희 지음, 김형태 옮김, 『물명고(상)』, 소명출판, 2019, 47쪽.

2 한국고전종합DB.

3 한국고전종합DB.

4 한국고전종합DB.

5 「이연호의 신조어 나들이-하지 말 걸 그랬어 '껄무새'」, 『이데일리』 (2023. 1. 11).

6 하영삼, 『한자어원사전』, 도서출판3, 2021, 521쪽.

7 「앵무새는 어떻게 사람처럼 말을 할까?」 EBS 동영상 (네이버 지식백과 등록일 2015. 2. 6).

8 임영주 편저, 『傳統紋樣資料集』, 미진사, 2000, 30쪽.

9 『開元天寶遺事(개원천보유사)』「鸚鵡告事(앵무고사)」

10 https://ja.dict.naver.com/#/entry/jako/7693f59df4f84f38af06dad135f
   ae348.

11 https://ja.dict.naver.com/#/entry/jako/44c43905d8a04369a294d3e595e8d
   2a8.

12 https://terms.naver.com/entry.naver?docId=742349&cid=46681&category
   Id=46681.

13 https://zh.wiktionary.org/wiki/%E9%B8%9A.

14 https://ja.dict.naver.com/#/entry/jako/02f8bb4ea9694e7a9b66759eec2ec
   3b8.

15 https://ja.wiktionary.org/wiki/%E9%B8%9A%E9%B5%A1%E8%BF%94
   %E3%81%97.

16 https://dictionary.goo.ne.jp/word/%E9%B8%9A%E9%B5%A1.

17 https://www.koya-culture.com/news/article_print.html?no=91542.

18 https://imnews.imbc.com/replay/2021/nwdesk/article/6307761_34936.
   html.

19 https://www.ytn.co.kr/_ln/0134_201905131334370199.

20 www.dominica.gov.dm; https://www.wikipedia.org.

그림 출처

- 각 장 표지의 사진은 본 연구소의 동료인 조성덕 교수가 직접 촬영하여 제공한 것이다.

| 1장 |

1-2 국립중앙박물관 소장 (http://www.emuseum.go.kr).

1-4 ⓒ shizhao (https://commons.wikimedia.org).

1-5 클리블랜드 미술관 소장 (https://commons.wikimedia.org).

1-6 (좌) Collezione Digitale Ricordi (https://commons.wikimedia.org).

(우) https://www.allemanda.com/shop/la-gazza-ladra.

| 2장 |

2-2 국립중앙박물관 소장 (http://www.emuseum.go.kr).

2-4 베이징 故宮博物院 소장 (https://commons.wikimedia.org).

2-5 로스앤젤레스 미술관 소장 (https://commons.wikimedia.org).

2-6 피렌체 국립 고고학 박물관 소장 (https://www.theoi.com/Gallery/K31.6.html).

| 3장 |

3-1 국립생물자원관 '한반도의 생물다양성'(https://species.nibr.go.kr/home/
mainHome.do?cont_link=009&subMenu=009002&contCd=009002&kt
sn=120000001594).

3-2 대한민국 경찰청 (https://www.police.go.kr/index.do), 한화 이글스 야구단
(https://www.hanwhaeagles.co.kr/index.do), 육군 특수전사령부 (https://www.

swc.mil.kr:444/swc/index.do).

3-3 https://gongu.copyright.or.kr/gongu/wrt/wrt/view.do?wrtSn=13269872 &menuNo=200018.

3-4 ⓒ Chensiyuan (https://commons.wikimedia.org).

3-5 https://www.dpm.org.cn/journal_detail/113918.

3-7 https://www.britannica.com/place/Aquila-constellation.

3-8 (좌) https://www.coinarchives.com/a/results.php?results=100&search =melqart.

(우) https://www.coinworld.com/numismatic/collector-basics/start-your-collection/know-your-us-coin-flying-eagle.html.

3-9 https://web.archive.org/web/20060627234741/https://www.whitehouse.gov/nsc/nss.pdf.

| 4장 |

4-1 (좌) ⓒ Adrian Pingstone (https://commons.wikimedia.org)

(우) ⓒ Frank Vassen (https://commons.wikimedia.org).

4-2 (좌) 대한민국역사박물관 소장 (http://www.emuseum.go.kr)

(우) 국립제주박물관 소장 (http://www.emuseum.go.kr).

4-3 경기대학교소성박물관 소장 (http://www.emuseum.go.kr).

4-4 https://image.baidu.com '鴛鴦鍋'.

4-5 http://m.hnlysjb.com/details_4154.html.

4-6 ⓒ Ken Ishigaki (https://commons.wikimedia.org).

4-7 Collection of Auckland Museum Tamaki Paenga Hira 소장 (https://commons.wikimedia.org).

4-8 Christopher Lever의 *The Mandarin Duck*(2013)의 표지 (https://www.birdguides.com/reviews/books/the-mandarin-duck).

| 5장 |

5-2 수원광교박물관 소장 (http://www.emuseum.go.kr).

5-3 호암미술관 소장 (https://ankim.tistory.com/8599117).

5-4   (좌) ⓒ pelican (https://commons.wikimedia.org).

(우) http://www.zjjm.net/wiki/pp6084543801.

5-5   https://en.wikipedia.org/w/index.php?title=File:Duckling_03.jpg.

5-6   https://archive.org/stream/musedepeinture10rvuoft#page/87/mode/2up.

5-7   스웨덴 국립역사박물관 소장 (https://commons.wikimedia.org).

5-8   https://en.wikipedia.org/wiki/File:Donald_Duck_angry_transparent_
background.png.

| 6장 |

6-3   https://image.baidu.com.

6-4   ⓒ カイロス (https://commons.wikimedia.org).

6-5   ⓒ Lance Cpl. Cory D. Polom (https://commons.wikimedia.org).

6-6   베를린 Neues Museum 소장 (https://commons.wikimedia.org).

6-7   https://www.wga.hu/html_m/zgothic/mosaics/6sanmarc/6narth6w.html.

| 7장 |

7-2   국립중앙박물관 소장 (http://www.emuseum.go.kr).

7-4   https://commons.wikimedia.org/wiki/File:SekienTeratsutsuki.
jpg?uselang=ko.

7-5   Wang, L. et al., "Why Do Woodpeckers Resist Head Impact Injury:
A Biomechanical Investigation". *PLoS ONE*, 6~10, 2011. (https://doi.
org/10.1371/journal.pone.0026490).

7-6   브뤼셀왕립도서관 소장 (https://en.wikipedia.org/wiki/File:Origo_gentis_
Romanae.png).

| 8장 |

8-1   ⓒ Dhairya1308 (https://commons.wikimedia.org).

8-2   전호태, 「고구려의 매사냥」, 『역사와 경제』(91), 부산경남사학회, 2014, 3쪽.

8-3   함부르크민족학박물관 소장 (https://nihc.go.kr).

8-5   https://zrr.kr/epB7.

8-6 長野県小布施町 北斎館所蔵 소장 (https://commons.wikimedia.org).

8-7 https://commons.wikimedia.org/wiki/File:Inoue_kamon.png?uselang=ko.

8-8 ⓒ Jeff Dahl, ⓒ Riley Williams (https://commons.wikimedia.org).

| 9장 |

9-3 https://zrr.kr/E0F9.

9-4 吳文化博物館 소장 (https://zrr.kr/6RGv).

9-5 故宮博物院 소장 (https://www.dpm.org.cn/collection/ceramic/227177).

9-6 일본 국립국회도서관 소장 (https://commons.wikimedia.org).

9-7 (좌) www.dominica.gov.dm/about-dominica/national-symbols/national-flag.

(우) www.dominica.gov.dm/about-dominica/national-symbols/coat-of-arms.

부리와 날개를 가진 동물,
어휘 속에 담긴 역사와 문화

초판 1쇄 발행 | 2024년 2월 25일
지은이 | 기유미·신아사·이선희·홍유빈

펴낸곳 | 도서출판 따비
펴낸이 | 박성경
편   집 | 신수진·정우진
디자인 | 이수정
출판등록 | 2009년 5월 4일 제2010-000256호
주소 | 서울시 마포구 월드컵로28길 6(성산동, 3층)
전화 | 02-326-3897
팩스 | 02-6919-1277
메일 | tabibooks@hotmail.com
인쇄·제본 | 영신사

ISBN 979-11-92169-34-7 93700

책값은 뒤표지에 있습니다.